cocina rápida y fácil

mexicana

Estilo DONNA HAY

Fotografía WILLIAM MEPPEM

Introducción

Cuando los primeros conquistadores llegaron a México, en el siglo XVI, hallaron frijoles, chiles, maíz, calabaza, jitomates, aguacates, cacahuates, papas y pavos. Esos elementos eran la base alimenticia tradicional de los aztecas. De la mano de los españoles, los mexicanos conocieron el trigo, la carne de res, el pollo y los productos derivados de la leche. Así, de la combinación de los alimentos del viejo mundo con los del nuevo mundo surgió la base de la comida mexicana actual. Este libro pone al alcance del cocinero los sabores genuinos de México, adaptando los ingredientes y métodos tradicionales al estilo de vida de hoy. La mayoría de las recetas de este volumen presenta ingredientes con menor contenido graso y técnicas más afines a la manera de cocinar y comer de hoy en día.

Publicado por:
Editorial Cordillera con arreglo
con TRIDENT PRESS INTERNATIONAL
801 12th Avenue South, Suite 400
Naples, Fl 34102 USA
Tel: + 1 239 649 7077
Fax: + 1 239 649 5832
Email: tridentpress@worldnet.att.net
Sitio web: www.trident-international.com

Mexicana
© Trident Press International, 2004

© 2003 MDS BOOKS / MEDIASAT
para esta edición

GRUPO MEDIASAT

M.E.D.I.A.S.A.T. México, S.A. de C.V
Luz de Saviñon 13. Dcho 1004
Colonia del Valle - 03100 México DF (Mexico)
Tel.: 56872007 Fax: 55369531
www.mediasatgroup.com

Incluye índice
ISBN 1582794286
EAN 9 781582 794280
UPC 6 15269 94286 4

Edición impresa en 2004

Impreso en Perú por Quebecor World

ACERCA DE ESTE LIBRO

LA DESPENSA
Salvo que se especifique lo contrario, en este libro se usan los siguientes ingredientes:

Crema   doble, apta para batir
Harina   blanca o común
Azúcar   blanca

¿CUÁNTO MIDE UNA CUCHARADA?
Las recetas de este libro fueron probadas con cucharas de 20 ml. Todas las medidas son al ras.
En países donde son más comunes las cucharas de 15 ml, la diferencia será irrelevante en la mayoría de las recetas. En las que llevan polvo para hornear, gelatina, bicarbonato de sodio o pequeñas cantidades de harina o almidón de maíz, conviene añadir una cucharadita a cada una de las cucharadas que se indiquen.

ALIMENTOS EN LATA
El tamaño de las latas varía según los países y las marcas. Puede ocurrir que las cantidades citadas en este libro difieran ligeramente de las de aquellas que usted consiga. Compre y use latas del tamaño más cercano al que se sugiere en la receta.

MICROONDAS
Siempre que en el libro haya instrucciones para microondas, se consideró una potencia de salida de 840 watts (IEC705-1988) o 750 watts (AS2895-1986). La potencia de salida de la mayoría de los hornos de microondas domésticos varía entre 600 y 900 watts o 500 y 800 watts, de modo que puede ser necesario corregir ligeramente los tiempos de cocción según la potencia de su microondas.

Contenido

Entradas, sopas y bocadillos

ENCHILADAS NUEVO MÉXICO

Temperatura de horno
180ºC, 350ºF, Gas 4

Las tortillas de maíz constituyen el pan tradicional de los aztecas, de los mayas y otros aborígenes mexicanos. Fuera de América Central y Sudamérica, las tortillas que están al alcance del consumidor son las de harina de maíz amarillo o azul, o de trigo.

6 tortillas de maíz o de harina
$^1/_3$ taza/90 ml/3 fl oz de salsa de chile
45 g/1 $^1/_2$ oz de queso rallado de buen sabor (cheddar maduro)

RELLENO DE QUESO Y ESPINACA
2 cucharaditas de aceite
1 cebolla, picada
2 chiles frescos picados, verdes o rojos
1 cucharadita de semillas de comino
$^1/_2$ atado/250 g/8 oz de espinaca, las hojas cortadas en fina juliana
3 jitomates, pelados y picados
2 papas, cocidas y picadas
155 g/5 oz de queso feta, desmenuzado
125 g/4 oz de queso rallado (cheddar maduro)

1 Para hacer el relleno, calentar el aceite en una sartén de teflón a fuego mediano, agregar la cebolla, los chiles y las semillas de comino y revolver 4 minutos o hasta que la cebolla esté dorada y tierna. Incorporar la espinaca, los jitomates y las papas y cocinar 4 minutos o hasta que la espinaca esté blanda y el resto de la mezcla, bien caliente. Luego agregar el queso feta y el cheddar y revolver.

2 Calentar las tortillas en una sartén sin materia grasa, a fuego mediano, 20-30 segundos o hasta que estén bien calientes. Rociar una tortilla con un poco de salsa de chile y colocarla en una asadera. Cubrir con una porción de relleno y superponer otra tortilla. Repetir la operación formando capas hasta terminar las tortillas. Esparcir el resto del queso cheddar sobre la pila de tortillas y hornear 20 minutos o hasta que el queso se derrita y el relleno esté bien caliente. Para servir, cortar en porciones.

4 porciones

CANASTAS TOSTADAS CON CARNE

Sirva estos sabrosos bocadillos con salsas a elección y gajos de lima.

aceite para fritura profunda
8 tortillas de maíz

RELLENO DE CARNE DE RES
2 cucharaditas de chile en polvo
1 cucharadita de comino molido
$^1/_4$ taza/60 ml/2 fl oz de jugo de lima
500 g/1 lb de carne de res (cuarto trasero), desgrasada
2 cebollas rojas, cortadas en tajadas
$^1/_2$ atado de cilantro

1 Calentar el aceite en una sartén hasta que un cubo de pan se dore en 50 segundos. Freír las tortillas de a una, sosteniéndolas con dos cucharas grandes, 1 minuto o hasta que estén crocantes. Escurrir sobre papel absorbente.

2 Para el relleno, colocar el chile en polvo, el comino y el jugo de lima en una fuente de vidrio o cerámica y mezclar. Incorporar la carne, remover para que se impregne y marinar 5 minutos. Escurrir la carne y asarla en una parrilla precalentada o en el grill 2-3 minutos o hasta lograr el punto que se desee. Luego dejar reposar 2 minutos, cortar la carne en tiras y colocarlas en un bol. Añadir las cebollas y las hojas de cilantro y mezclar.

3 Dividir el relleno en partes iguales y colocarlo en las canastas. Servir en el momento.

8 unidades

Ostras con salsa de cilantro

OSTRAS CON SALSA DE CILANTRO

24 ostras, con una de sus valvas
hielo granizado

SALSA DE CILANTRO Y LIMA
3 jitomates pequeños maduros,
cortado en dados
3 chiles jalapeños, picados
4 cucharadas de cilantro fresco picado
3 dientes de ajo, machacados
$^1/_4$ taza/60 ml/2 fl oz de jugo de lima
pimienta negra recién molida

1. Para hacer la salsa, colocar en un bol los jitomates, los chiles, el cilantro, el ajo, el jugo de lima y pimienta negra a gusto y mezclar bien. Tapar y refrigerar.

2. En el momento de servir, disponer un lecho de hielo en una bandeja y apoyar encima las ostras. Colocar una cucharada colmada de salsa sobre cada ostra.

24 unidades

Magníficas con tequila helada enardecida con un toque de salsa de tabasco o chiles rojos picantes, frescos.

CHILES ANCHOS RELLENOS CON QUESO FETA

Temperatura de horno
200ºC, 400ºF, Gas 6

El chile ancho es el chile seco preferido por los cocineros mexicanos. De sabor suave a medianamente picante, es el chile poblano seco; para más información, lea el glosario de la página 79. Un trazo ondulado de crema agria y unos gajos de lima suman encanto a la presentación de este platillo.

6 chiles anchos

RELLENO DE QUESO FETA Y DE CABRA
500 g/1 lb de queso feta, desmenuzado
185 g/6 oz de queso de cabra
4 cucharadas de cilantro picado, fresco
1 cucharadita de comino molido
⅓ taza/90 ml/3 fl oz de jugo de limón

SALSA DE DOS JITOMATES
250 g/8 oz de jitomates cherry, cortados por la mitad
250 g/8 oz de jitomates perita, amarillos, cortados por la mitad
½ cebolla roja, cortada en tajadas
1 cucharada de menta fresca cortada en fina juliana
1 cucharada de pimienta negra en grano, picada y fresca

1 Colocar los chiles en un bol con bastante agua caliente y dejarlos en remojo 20 minutos para que se ablanden. Escurrirlos, hacer un corte pequeño en la parte superior de cada uno y retirar las semillas y las membranas.

2 Para el relleno, colocar en un bol el queso feta y el queso de cabra, el cilantro, el comino y el jugo de limón y mezclar bien. Con una cuchara, introducir cuidadosamente el relleno en el interior de los chiles. Disponerlos en una asadera. Echar un poco de agua en la asadera y hornear 20 minutos o hasta que los chiles estén bien cocidos.

3 Para hacer la salsa, colocar en un bol los jitomates, la cebolla, la menta y pimienta a gusto y mezclar bien. Para servir, verter un poco de salsa en cada plato y colocar encima un chile relleno.

6 porciones

TAMALES DE MAÍZ FRESCO

Dejar los tamales en reposo antes de servirlos evita que el relleno se pegue a las hojas. Acompañe con salsa mexicana (página 76) y/o crema espesa.

28 hojas de mazorca secas
5 tazas/750 g/1 ½ lb de granos de maíz dulce, frescos, congelados o en lata
¼ taza/60 ml/2 fl oz de leche
2 cucharadas de azúcar
30 g/1 oz de mantequilla, ablandada

1 Ubicar las hojas de mazorca dentro de un bol, cubrirlas con agua caliente y dejarlas en remojo 30 minutos.

2 Colocar la mitad de los granos de maíz en una procesadora o licuadora y, mientras ésta funciona, agregar lentamente leche suficiente para lograr la consistencia del queso cottage. Luego pasar la mezcla a un bol y repetir la operación con el resto de los granos de maíz. Por último, añadir a la preparación el azúcar y la mantequilla y unir.

3 Escurrir las hojas de mazorca y secarlas con papel absorbente. Disponer una cucharada de la mezcla de maíz en el centro de cada una, cerrar cubriendo el relleno y atar para asegurar.

4 Colocar los tamales en una vaporera, sobre un recipiente con agua hirviente, y cocinarlos al vapor 50 minutos o hasta que estén firmes al tacto. Dejarlos reposar 15 minutos antes de servir.

28 unidades

Tamales de maíz fresco, Limada (página 75), Chiles anchos rellenos con queso feta

CHILES POBLANOS RELLENOS

Temperatura de horno
180ºC, 350ºF, Gas 4

En esta variante de un clásico mexicano, los chiles rellenos se hornean en lugar de freírse; así constituyen una opción más saludable y práctica para la cocina hogareña. Si no consigue chiles poblanos, elija otra variedad suave, como chiles Nuevo México o chiles banana.

12 chiles poblanos

RELLENO DE CARNE DE RES Y FRIJOLES

2 cucharaditas de aceite
1 cebolla, picada
315 g/10 oz de carne de res molida
185 g/6 oz de frijoles pintos cocidos o en lata, enjuagados y escurridos
una pizca de pimienta de Cayena
$^1/_2$ taza/125 ml/4 fl oz de puré de jitomates

SALSA DE TOMATILLO

2 x 315 g/10 oz de tomatillos en lata, escurridos y picados finamente
1 cebolla, picada
3 cucharadas de cilantro fresco picado
$^1/_2$ taza/125 ml/4 fl oz de caldo de verduras

1 Colocar los chiles en una sartén o comal bien caliente y cocinarlos hasta que la piel resulte ampollada y chamuscada. Introducirlos en una bolsa plástica 10 minutos o hasta que sea posible tocarlos sin quemarse. Con cuidado quitarles la piel y hacer un corte en el costado de cada uno. Retirar las semillas y membranas y reservar.

2 Para el relleno, calentar el aceite en una sartén a fuego mediano, agregar la cebolla y revolver 2 minutos o hasta que esté blanda. Añadir la carne y revolver 3-4 minutos o hasta que tome color tostado. Luego agregar los frijoles, la pimienta de Cayena y el puré de jitomates y cocinar a fuego a lento, siempre revolviendo, 5 minutos o hasta que la mezcla se reduzca y espese. Rellenar los chiles y colocarlos en una asadera.

3 Para hacer la salsa, colocar en una cacerola los tomatillos, la cebolla, el cilantro y el caldo de verduras y cocinar a fuego lento 5 minutos o hasta que la salsa se reduzca y espese. Verter la salsa sobre los chiles y hornear 25 minutos o hasta que estén bien cocidos.

12 unidades

Colocar los chiles en una sartén o comal bien caliente y cocinar hasta que la piel resulte ampollada y chamuscada.

Rellenar los chiles y disponerlos en una asadera.

Verter la salsa sobre los chiles y hornear 25 minutos o hasta que estén bien cocidos.

TAQUITOS DE CERDO Y MEJORANA

12 tortillas de maíz, calientes
aceite para fritura poco profunda

RELLENO DE CERDO Y MEJORANA
1 cucharadita de aceite
1 cebolla, picada
2 chiles rojos frescos, picados
2 dientes de ajo, machacados
2 cucharaditas de comino molido
500 g/1 lb de cerdo molido fino
3 cucharadas de mejorana fresca

Precalentar las tortillas antes de plegarlas o enrollarlas las torna flexibles y evita que se rompan. Para hacerlo, colóquelas en una sartén sin materia grasa a fuego lento durante 20-30 segundos de cada lado. Como alternativa, envuélvalas en papel de aluminio y llévelas al horno, a temperatura baja, o caliéntelas en microondas, dentro de un recipiente tapado. Sirva los taquitos con salsa verde (página. 77).

1 Para el relleno, calentar el aceite en una sartén a fuego vivo, agregar la cebolla, los chiles, el ajo, el comino y revolver 3 minutos o hasta que la cebolla y los chiles se ablanden. Agregar el cerdo y continuar revolviendo 3-4 minutos o hasta que tome color tostado. Retirar la sartén del fuego. Agregar la mejorana e integrarla; dejar enfriar ligeramente.

2 Colocar 1 cucharada de relleno en el centro de cada tortilla, enrollarla y cerrar con palillos.

3 Calentar 1 cm/¹/₂ in de aceite en una sartén hasta que un cubo de pan se dore en 50 segundos. Cocinar los taquitos, de a pocos por vez, 1-2 minutos o hasta que estén crocantes. Escurrir sobre papel absorbente.

12 taquitos

ENCHILADAS DE POLLO CON SALSA DE CHILES ROJOS

Arriba: Enchiladas de pollo con salsa de chiles rojos
Izquierda: Taquitos de cerdo y mejorana con salsa verde (página 77)

8 tortillas de maíz, calientes
250 g/8 oz de pollo cocido, desmenuzado
90 g/3 oz de queso feta, desmenuzado

SALSA DE CHILES ROJOS
7 chiles pasilla, remojados en agua caliente
3 jitomates
¹/₂ cebolla, pelada
1 taza/250 ml/8 fl oz de caldo de pollo
1 cucharada de orégano fresco, picado

Temperatura de horno
180ºC, 350ºF, Gas 4

1 Para la salsa, sostener los chiles y los jitomates sobre la llama de la hornalla o asarlos en el grill hasta que la piel resulte ampollada y chamuscada. Colocar los chiles y los jitomates en una bolsa plástica hasta que se puedan manipular. Asar la cebolla de la misma manera, hasta que se dore. Quitar la piel de los chiles y jitomates y picarlos groseramente. Colocarlos junto con la cebolla en una procesadora o licuadora y procesar hasta lograr un puré.

2 Pasar el puré a una cacerola, agregar el caldo y el orégano y revolver. Cocinar a fuego mínimo y 8-10 minutos o hasta que la salsa se reduzca y espese.

3 Para servir, distribuir sobre las tortillas porciones de salsa, pollo y queso y enrollar. Colocarlas, una al lado de la otra, en una fuente térmica. Colocar la salsa y el queso restantes sobre las enchiladas y hornear 15 minutos o hasta que estén bien calientes.

8 porciones

La mejor manera de cocinar el pollo para luego desmenuzarlo es hervirlo en caldo hasta que esté tierno; déjelo enfriar en el caldo, quítele la piel y los huesos y desmenuce la carne. Si desea cocinar un pollo entero, córtelo en cuartos y calcule el tiempo de cocción en 25 minutos.

TORTILLAS DE POLLO

2 dientes de ajo, machacados
1 cucharadita de comino molido
$^1/_2$ cucharadita de chile en polvo
$^1/_3$ taza/90 ml/3 fl oz de jugo de lima
1 cucharada de tequila
4 pechugas de pollo deshuesadas
12 tortillas de maíz
1 cebolla roja, cortada en tajadas
$^1/_2$ atado de cilantro fresco
Guacamole (página 76)
Salsa de chiles asados (página 76)
$^1/_2$ taza/125 g/4 oz de crema agria (opcional)

También la carne de res, el cerdo y el cordero quedan deliciosos si se preparan de este modo. Ajuste el tiempo de cocción según el tipo de carne y su gusto personal.

1   Colocar en un bol el ajo, el comino, el chile en polvo, el jugo de lima y la tequila y mezclar bien. Incorporar el pollo, empaparlo con la mezcla y marinar 30 minutos.

2   Escurrir las pechugas de pollo y cocinarlas sobre una parrilla o plancha caliente 3-4 minutos de cada lado o hasta que estén a punto. Luego cortarlas en tajadas.

3   Calentar las tortillas en una sartén sin materia grasa, a fuego medio, 20-30 segundos de cada lado o hasta que estén bien calientes.

4   Para servir, colocar sobre cada tortilla algunas tajadas de pollo, cebolla y hojas de cilantro. Luego doblar o enrollar y acompañar con cuencos de guacamole, salsa y crema agria, en caso de que se desee.

12 unidades

QUESADILLAS DE FRIJOLES Y QUESO

155 g/5 oz de frijoles negros u ojo negro, cocidos o en lata, escurridos
60 g/2 oz de queso mozzarella rallado
60 g/2 oz de queso rallado gustoso (cheddar maduro)
2 cucharadas de salsa de chiles picante
12 tortillas de harina, calientes
1 clara
aceite

Sirva con salsa de chiles asados o salsa mexicana (página 76).

1   Dentro de un bol combinar los frijoles, los quesos rallados y la salsa de chiles.

2   Colocar dos cucharadas de la mezcla en una de las mitades de cada tortilla. Pincelar los bordes con la clara y doblar para encerrar el relleno. Juntar los bordes y presionar con firmeza para sellar.

3   Pincelar las quesadillas con un poco de aceite y cocinarlas sin materia grasa en una sartén precalentada, a fuego medio, 2 minutos de cada lado o hasta que se inflen y se doren.

12 unidades

Quesadillas de frijoles y queso,
Tortillas de pollo

TAMALES DE POLLO Y CHILES

30 hojas de mazorca secas

MASA PARA TAMALES

125 g/4 oz de mantequilla, ablandada
750g/1 ¹/₂ lb de masa fresca
2 cucharadas de polvo para hornear
3/4 taza/185 ml/6 fl oz de caldo de pollo

RELLENO DE POLLO
Y CHILES VERDES

1 cucharada de aceite
2 chiles verdes frescos, picados
1 cucharada de hojas de orégano fresco
1 diente de ajo, machacado
250 g/8 oz de pollo picado fino
1 cucharada de harina
1 cucharada de extracto de jitomates

Sirva estos deliciosos tamales con salsa ranchera (página 78). La masa fresca se consigue en tiendas de especialidades mexicanas o mayoristas. Para mayor información, consulte el glosario de la página 79.

1   Colocar las hojas de mazorca en un bol, cubrirlas con agua caliente y dejarlas en remojo 30 minutos.

2   Para hacer la masa, colocar la mantequilla en un bol y batir hasta que esté liviana y cremosa. Colocar la masa y el polvo para hornear en un bol, luego agregar el caldo y revolver para integrar. Batir para incorporar gradualmente la mezcla a la mantequilla y seguir batiendo hasta lograr una masa suave.

3   Para el relleno, calentar una sartén a fuego vivo, agregar el aceite, los chiles, el orégano y el ajo y revolver 1 minuto. Incorporar el pollo, la harina y el extracto de jitomates y revolver 5 minutos o hasta que el pollo esté cocido y la preparación se reduzca y espese.

4   Escurrir las hojas de mazorca y secarlas con papel absorbente. Tomar 2 cucharadas de la masa y presionar para achatarla; apoyarla sobre una hoja de mazorca y colocar encima 1 cucharada de relleno. Tomar otras 2 cucharadas de masa, achatar, ubicar sobre el relleno y presionar los bordes de la masa para encerrarlo. Plegar la hoja de mazorca sobre el paquete de masa, tomar otra vaina y repetir la operación en dirección opuesta. Atar con hilo para que no se abra. Seguir el mismo procedimiento para hacer 15 tamales.

5   Acomodar los tamales en una vaporera sobre una cacerola con agua hirviente y cocinarlos al vapor 45 minutos o hasta que estén bien cocidos.

15 tamales

Tamales de pollo y chiles con Salsa ranchera (página 78)

EMPANADAS DE CAMARONES

Aceite para fritura profunda

MASA PARA EMPANADAS
2 ³/₄ tazas/350 g/11 oz de harina
60 g/2oz de mantequilla blanda
³/₄ taza/185ml/6 fl oz de agua caliente

RELLENO DE CHILES Y CAMARONES
2 cucharadas de aceite
1 cebolla, picada
1 cucharada de hojas de orégano fresco
2 cucharadas de tomillo alimonado fresco
500 g/1 lb de camarones crudos, pelados
2 jitomates verdes, pelados y picados
4 chiles poblanos, asados, sin semillas,
pelados y picados

1 Para hacer la masa, colocar en una procesadora la harina y la mantequilla y procesar hasta que se forme un granulado. Con la máquina en funcionamiento agregar agua caliente suficiente para obtener una masa suave. Amasar 3 minutos sobre una superficie ligeramente enharinada. Luego dividir en 12 porciones iguales. Cubrir con un lienzo húmedo y reservar.

2 Para el relleno, calentar el aceite en una sartén a fuego medio, añadir la cebolla, el orégano y el tomillo y cocinar 4 minutos o hasta que la cebolla se dore. Agregar los camarones, los jitomates y los chiles y sofreír a fuego lento 5 minutos o hasta que la mezcla se reduzca y espese. Dejar enfriar.

3 Estirar cada porción de masa hasta lograr un disco de 18 cm/7 in de diámetro y 3 mm/¹/₈ in de espesor. Colocar 3 cucharadas de relleno en el centro de cada disco, cerrar la empanada y sellar los bordes.

4 Calentar aceite en una cacerola hasta que un cubo de pan se dore en 50 segundos. Freír las empanadas 2-3 minutos o hasta que estén crocantes y doradas. Escurrirlas sobre papel absorbente.

12 unidades

Presente las empanadas con salsa mexicana (página 76) o salsa ranchera (página 78) y gajos de lima. En caso de que no disponga de tomillo alimonado, use tomillo común y un poco de cáscara de limón rallada fina.

Empanadas de camarones con salsa mexicana (página 76)

SOPA DE TORTILLAS

Existen tantas variantes de esta sopa como cocineros mexicanos. Los ingredientes infaltables son un buen caldo de pollo, chiles secos fritos (el tipo depende de la región y del cocinero) y tiras de tortilla fritas. Éstas asombran con sus cambios de textura; llegan a la mesa crocantes, luego se ablandan y se tornan carnosas y al fin se disuelven y dan a la sopa una consistencia más espesa. Sirva con gajos de lima y granos de pimienta negra triturados.

3 jitomates maduros, asados y pelados
1 cebolla, asada y pelada, cortada en cuartos
3 dientes de ajo, asados y pelados
6 tazas/1,5 litro/2 ½ pt de caldo de pollo
1 cucharada de orégano picado
aceite para fritura poco profunda
8 tortillas de maíz del día anterior, cortadas en tiras finas
2 chiles pasillas, cortados en tiras
1 aguacate, picado
½ taza/125 ml/4 fl oz de crema

1   Colocar los jitomates, la cebolla y el ajo en una procesadora o licuadora y procesar hasta lograr una preparación lisa. Colocarla en una cacerola a fuego medio y revolver 5 minutos. Agregar el caldo y el orégano, llevar a hervor suave y cocinar a fuego lento 15 minutos.

2   Calentar 1 cm/½ in de aceite en una sartén, a fuego vivo, y freír las tiras de tortilla hasta que estén doradas y crocantes. Escurrirlas sobre papel absorbente. Cocinar los chiles en el aceite 1 minuto y escurrirlos del mismo modo.

3   Para servir, colocar la sopa en cuencos calientes, luego agregar las tiras de tortillas, los chiles, el aguacate y una cucharada colmada de crema.

6 porciones

SOPA DE FRIJOLES PINTOS

185 g/6 oz de frijoles pintos, remojados toda la noche, escurridos
1 cebolla, cortada en cuartos
3 jitomates, asados y pelados
1 chile poblano, asado y pelado
4 dientes de ajo
6 tazas/1,5 litro/2 ½ pt de agua
2-3 tazas/500-750 ml/16 fl oz-1 ¼ pt de caldo de pollo o verduras
aceite para fritura ligera
6 tortillas de harina o de maíz del día anterior, cortadas en tiras
2 chiles anchos, sin semillas
155 g/5 oz de queso feta, desmenuzado
2 cucharadas de hojas de cilantro fresco

Para asar el chile poblano, siga las indicaciones de la receta de los chiles poblanos rellenos en la página 12.

1   Ubicar en una cacerola los frijoles, la cebolla, los jitomates, el chile poblano, el ajo y el agua. Llevar a ebullición y dejar que hierva 10 minutos. Luego bajar el fuego y cocinar 1 hora o hasta que los frijoles estén tiernos. Dejar enfriar un poco, pasar todo el contenido de la cacerola a una procesadora o licuadora y hacer un puré.

2   Colocar el puré en una cacerola limpia, agregar el caldo y cocinar a fuego lento 10-15 minutos.

3   En una sartén calentar 1 cm/½ in de aceite hasta que un cubo de pan se tueste en 50 segundos. Incorporar las tiras de tortilla y freírlas hasta que estén crocantes. Escurrirlas sobre papel absorbente. Freír los chiles en el mismo aceite hasta que estén crujientes, escurrirlos sobre papel y cortarlos en tiras finas.

4   Para servir, colocar la sopa en cuencos calientes. Disponer en una bandeja las tiras de tortilla y chiles, el queso y el cilantro y presentarlos como guarniciones para la sopa.

6 porciones

SOPA FLOR AZTECA

Las flores de calabaza son muy populares en México, donde se las utiliza de las maneras más insospechadas. Si bien los mexicanos prefieren las flores de calabaza amarilla brillante o de calabaza de invierno, las de calabacita son una alternativa aceptable. Sirva esta sopa, una de las preferidas por los mexicanos, con gajos de lima.

2 cucharaditas de aceite

1 cebolla, picada muy fina

1 diente de ajo, machacado

2 cucharadas de arroz blanco

2 cucharaditas de mejorana fresca picada

2 cucharadas de tomillo fresco picado

8 tazas/2litros/3 $^1/_2$ pt de caldo de pollo

12 flores de calabacita

440 g/14 oz de garbanzos cocidos o en lata, enjuagados y escurridos

250 g/8 oz de pollo cocido, picado

1 aguacate, cortado en tajadas

2 chiles jalapeños, cortados en tajadas

1 cucharada de hojas de cilantro fresco

$^1/_4$ cebolla, picada

1 En una cacerola calentar el aceite a fuego medio. Agregar la cebolla y el ajo y revolver 3 minutos o hasta que la cebolla se ablande. Incorporar el arroz, la mejorana, el tomillo y el caldo y cocinar 15 minutos a fuego lento.

2 Retirar los estambres y pistilos de las flores de calabacita y verificar que no haya ningún insecto entre los pétalos. Lavar las flores bajo el grifo, quitarles los tallos y reservarlas.

3 Incorporar a la sopa los garbanzos, el pollo y las flores; cocinar 3 minutos o hasta que las flores estén tiernas.

4 Para servir, con un cucharón repartir la sopa en cuencos calientes; añadir el aguacate, los chiles, el cilantro y la cebolla.

6 porciones

Sopa flor azteca

SOPA DE MARISCOS

Sopa de mariscos

6 jitomates, picados
2 cebollas, picadas
1 cucharada de aceite
4 dientes de ajo, machacados
1 cucharada de hojas de orégano
2 plantas de coriandro, frescas
1 cabeza de pescado (cubera, perca,
abadejo o róbalo)
10 tazas/2,5 litros/4 ¼ pt de agua
2 cangrejos crudos, limpios y cortados
en trozos para servir
12 camarones medianos, pelados y desvenados
185 g/6 oz de filetes de pescado, cortados
en trozos gruesos

1   Colocar los jitomates y las cebollas en una procesadora o licuadora y hacer un puré.

2   En una cacerola calentar el aceite a fuego medio. Añadir el ajo y revolver 1 minuto, hasta que esté dorado. Incorporar los jitomates procesados, las hojas de orégano y las plantas de coriandro, bajar el fuego y cocinar 15 minutos. Agregar la cabeza de pescado y el agua y cocinar 20 minutos. Luego colar, descartar los sólidos y verter el caldo en una cacerola limpia.

3   Agregar al caldo los cangrejos y los camarones y cocinar 3 minutos a fuego lento. Incorporar el pescado y cocinar 1-2 minutos o hasta que todo esté cocido.

6 porciones

Complete esta sopa especial con gajos de lima, granos de pimienta negra triturados y hojas de cilantro fresco. Después de incorporar la cabeza de pescado, cocine el caldo durante 20 minutos, no más; de lo contrario, la sopa podría adquirir gusto amargo.

Pescados y mariscos

Páginas anteriores: Tostaditas de camarones, Camarones a la parrilla con chiles
Página opuesta: Pescado asado al ajo con Arroz rojo mexicano (página 65)

TOSTADITAS DE CAMARONES

aceite
8 tortillas de maíz
¹/₂ aguacate, picado
2 cucharadas de menta fresca, cortada
en fina juliana

MEZCLA PARA UNTAR
1 elote dulce
1 pimiento rojo, cortado en cuartos
1 pimiento amarillo, cortado en cuartos
1 cebolla roja, cortada en gajos
375 g/12 oz de camarones medianos crudos,
pelados y desvenados
4 chiles verdes suaves, frescos, cortados
en tiras
1 cucharada de jugo de lima

1   Para hacer la mezcla para untar, colocar el elote dulce y los pimientos rojo y amarillo en una parrilla o plancha, bien caliente, y cocinar hasta que estén ligeramente chamuscados. Desgranar el elote, cortar los pimientos en tiras y reservar.

2   En una cacerola calentar a fuego medio 2 cucharaditas de aceite, añadir la cebolla y cocinar 4 minutos o hasta que se dore. Incorporar los camarones, los chiles y el jugo de lima y cocinar 2 minutos o hasta que los camarones cambien de color. Agregar los granos del elote y los pimientos, mezclar y reservar.

3   Calentar 2,5 cm/1 in de aceite en una sartén, a fuego medio, hasta que un cubo de pan se tueste en 50 segundos. Cocinar las tortillas, una a la vez, 45 segundos de cada lado o hasta que estén crocantes. Escurrirlas sobre papel absorbente.

4   Para servir, untar las tortillas con la pasta de camarón y esparcir sobre ésta el aguacate y la menta. Servir de inmediato.

4 porciones

Las salsas, los chiles, el jugo y los gajos de lima son los aderezos más usuales de la gastronomía mexicana.

CAMARONES A LA PARRILLA CON CHILES

1 kg/2 lb de camarones medianos crudos,
sin pelar
250 g/8 oz de papaya picada
2 cucharadas de menta fresca picada
gajos de lima
chiles cortados en tajadas

MARINADA DE NARANJA
2 cucharadas de chile suave en polvo
2 cucharadas de orégano fresco, picado
2 dientes de ajo, machacados
2 cucharaditas de cáscara de naranja rallada
2 cucharaditas de cáscara de lima rallada
¹/₄ taza/60 ml/2 fl oz de jugo de naranja
¹/₄ taza/60 ml/2 fl oz de jugo de lima

1   Para marinar, colocar en un bol el chile en polvo, el orégano, el ajo, las cáscaras ralladas y los jugos de naranja y lima; mezclar bien. Incorporar los camarones, revolver, tapar y dejar marinar en el refrigerador 1 hora.

2   Escurrir los camarones y cocinarlos a la plancha o a la parrilla 1 minuto de cada lado o hasta que cambien de color.

3   Colocar la papaya y la menta en un bol y mezclar. Para servir, apilar los camarones en los platos y cubrirlos con la mezcla de papaya. Acompañar con gajos de lima y tajadas de chiles.

4 porciones

Si se cocinan sin pelar, los camarones resultan más tiernos y jugosos. No obstante, si prefiere puede pelarlos antes de marinarlos.

PESCADO ASADO AL AJO

1,5 kg/3 lb de pescado entero (brema, merluza, róbalo, bacalao o abadejo), limpio
1 limón, cortado en rodajas
2 chiles rojos frescos, cortados por la mitad
3 ramitas de mejorana fresca
7 dientes de ajo, sin pelar
30 g/1 oz de mantequilla
1/3 taza/90 ml/3 fl oz de leche de coco

1   Secar el pescado con papel absorbente. Llenar la cavidad con las rodajas de limón, los chiles y las ramitas de mejorana. Colocarlo en una asadera.

2   Colocar los dientes de ajo en una sartén o un comal caliente y cocinarlos hasta que la cáscara quede chamuscada y los dientes, blandos. Apretarlos con los dedos para extraerlos de la cáscara y colocarlos en un bol. Incorporar la mantequilla y mezclar. Untar con la mezcla ambos lados del pescado, tapar con papel de aluminio y hornearlo 40 minutos o hasta que la carne se pueda atravesar con un tenedor. Quitar el papel, colocar el pescado en el grill y cocinarlo 3-4 minutos de cada lado o hasta que la piel resulte crujiente. Al servir, rociar con la leche de coco.

4 porciones

Temperatura de horno
150ºC, 300ºF, Gas 2

Acompañe el pescado con arroz rojo mexicano (página 65) o con tortillas y ensalada.

PESCADO EN HOJAS DE MAZORCA

Temperatura de horno
180°C, 350°F, Gas 4

16-24 hojas de mazorca secas
4 filetes de pescado blanco firme
3 cucharadas de hojas de cilantro fresco
1 aguacate, cortado en tajadas
chiles jalapeños encurtidos
tortillas de maíz o de harina, calientes

PASTA DE CHILES Y LIMA

3 dientes de ajo, picados
2 chiles verdes suaves, frescos, picados
2 cucharadas de hojas de orégano fresco
2 cucharadas de chile suave en polvo
2 cucharadas de cáscara de lima, rallada
1 cucharada de comino molido
$1/4$ taza/60 ml/2 fl oz de jugo de lima

1   Colocar las hojas de mazorca en un bol, cubrirlas con agua caliente y dejarlas en remojo 30 minutos.

2   Para hacer la pasta de chiles, colocar el ajo, los chiles, el orégano, el chile en polvo, la cáscara de lima, el comino y el jugo de lima en una procesadora o licuadora. Procesar hasta lograr una textura lisa.

3   Cortar cada filete de pescado por la mitad y untarlo de ambos lados con la pasta de chiles.

4   Superponer 2-3 hojas de mazorca, colocar sobre ellas un trozo de pescado, luego cubrir con más vainas, doblar para encerrar el pescado y atar. Colocar los paquetes en una placa y hornear 10-12 minutos o hasta que la carne se pueda atravesar con un tenedor.

5   Para servir, abrir los paquetes, espolvorear con el cilantro y acompañar con las tajadas de aguacate, los chiles y las tortillas.

4 porciones

En México es común el uso culinario de hojas de mazorca y hojas de plátano como envoltorio de alimentos. Las de mazorca son favoritas en el norte, mientras que las de plátano son más populares en el sur y en el área costera.

Colocar las hojas de mazorca en un bol, cubrirlas con agua caliente y dejarlas en remojo 30 minutos.

Cortar los filetes de pescado por la mitad y untarlos de ambos lados con la pasta de chiles.

Colocar el pescado sobre las hojas de mazorca, cubrirlo con más vainas, plegar para encerrar el pescado y atar.

BROCHETAS CON SALSA DE JITOMATES

750 g/1 ¹/₂ lb de pescado blanco,
cortado en cubos
¹/₄ taza/60 ml/2 fl oz de jugo de lima
pimienta negra recién molida
6 tortillas de maíz o de harina, calientes
2 cucharadas de cilantro fresco, picado
gajos de lima

SALSA DE JITOMATES, ACEITUNAS
Y ALCAPARRAS
1 cucharada de aceite de oliva
1 cebolla, picada fina
1 diente de ajo, machacado
4 jitomates maduros, picados
90 g/3 oz de aceitunas verdes
2 chiles jalapeños, picados
2 cucharadas de alcaparras, escurridas
2 cucharadas de perejil fresco, picado
pimienta negra recién molida

6 porciones

Esta salsa de tomates, conocida en México como salsa veracruzana por ser originaria de la región de Veracruz, se usa tradicionalmente como medio de cocción para pescado, en filetes o entero. También es deliciosa con cordero asado o costillas de ternera.

1 Ensartar el pescado en seis brochetas ligeramente aceitadas, pincelar con el jugo de lima y condimentar con pimienta negra a gusto. Reservar.

2 Para la salsa, calentar el aceite a fuego medio en una sartén, incorporar la cebolla y el ajo y revolver 2 minutos o hasta que la cebolla se ablande. Agregar los jitomates, las aceitunas, los chiles, las alcaparras y el perejil y cocinar, revolviendo, 5 minutos o hasta que la salsa esté caliente. Condimentar con pimienta negra a gusto.

3 Cocinar las brochetas en una parrilla o plancha bien caliente 1 minuto de cada lado o hasta que el pescado esté tierno. Para servir, colocar las brochetas sobre las tortillas, rociar con la salsa y esparcir el cilantro. Acompañar con gajos de lima.

TACOS DE MARISCOS

Arriba: Tacos de mariscos
Izquierda: Brochetas con salsa
de jitomates

8 tortillas de harina, calientes
155 g/5 oz de queso feta, desmenuzado

RELLENO DE MARISCOS
2 cucharaditas de aceite
1 cebolla, picada
2 jitomates, picados
375 g/12 oz de pescado blanco,
cortado en cubos
250 g/8 oz de camarones medianos crudos,
pelados y desvenados
12 ostiones
3 chiles verdes medianos, frescos, picados
2 cucharadas de orégano fresco, picado
1 cucharadita de cáscara de limón rallada fina

1   Para preparar el relleno, calentar el aceite a fuego vivo en una sartén, añadir la cebolla y cocinar 4 minutos o hasta que esté dorada. Agregar los jitomates y cocinar 5 minutos. Incorporar el pescado, los camarones, los ostiones, los chiles, el orégano y la cáscara de limón. Cocinar, sin dejar de revolver, 3-4 minutos o hasta que los mariscos estén cocidos.

2   Para servir, colocar el relleno en el centro de las tortillas y completar con el queso. Doblar las tortillas por la mitad para encerrar el relleno. Servir en el momento.

4 porciones

La salsa de ajo y chiles (página 78) combina de maravillas con estos suculentos tacos.

PESCADO CON CEBOLLAS MARINADAS

4 filetes de pescado blanco firme
½ taza/60 g/2 oz de harina
1 cucharada de comino molido
1 cucharada de chile suave en polvo
2 cucharaditas de coriandro molido
2 cucharadas de aceite

CEBOLLAS MARINADAS CON LIMA
3 cebollas blancas, cortadas en tajadas finas
3 cucharadas de hojas de cilantro fresco
1 cucharada de azúcar
½ taza/125 ml/4 fl oz de jugo de lima

1 Para marinar las cebollas, disponerlas en un bol junto con las hojas de cilantro, el azúcar y el jugo de lima, tapar y marinar a temperatura ambiente por lo menos 1 hora.

2 Apoyar los filetes de pescado sobre papel absorbente y secarlos. Colocar la harina, el comino, el chile en polvo y el coriandro molido en una bolsa plástica y agitar para mezclar. Luego incorporar el pescado y agitar de nuevo, para empolvarlo.

3 En una sartén calentar el aceite a fuego medio, incorporar el pescado y cocinar 2-3 minutos de cada lado o hasta que la carne se pueda atravesar con un tenedor. Servir con cebollas marinadas.

4 porciones

Tomates y pimientos rojos y verdes asados son indicados para realzar este manjar sencillo.

PESCADO MARINADO CON JUGO DE LIMA

625 g/1 ¼ lb de filetes de pescado blanco firme, cortados en tiras
1 taza/250 ml/8 fl oz de jugo de lima
3 jitomates maduros, picados
4 chiles jalapeños encurtidos, picados
1 cucharada de orégano fresco, picado
⅓ taza/90 ml/3 fl oz de aceite de oliva
½ cebolla, cortada en dados pequeños
3 cucharadas de aceitunas rellenas, picadas
2 cucharadas de hojas de cilantro fresco

1 Colocar el pescado en un bol, verter encima el jugo de lima y marinar en el refrigerador, removiendo de tanto en tanto, 3 horas o hasta que el pescado se torne opaco. Luego retirar la mitad del jugo de lima e incorporar los jitomates, los chiles, el orégano y el aceite. Mezclar con suavidad y llevar al refrigerador 1 hora más.

2 Antes de servir, dejar reposar a temperatura ambiente 20 minutos. Luego esparcir la cebolla, las aceitunas y el cilantro sobre el pescado.

6 porciones

Este clásico, conocido mundialmente como cebiche, deber realizarse con pescado fresquísimo; no intente usar pescado congelado. Se puede optar por cualquier variedad de carne firme y los camarones, los ostiones, el cangrejo o la langosta son opciones deliciosas y elegantes.

Pescado con cebollas marinadas,
Pescado marinado con jugo de lima

MEJILLONES ESPECIADOS EN VINAGRE

2 cucharaditas de aceite

2 cebollas, picadas

3 chiles verdes medianos, frescos, picados

1 cucharada de orégano fresco, picado

1 cucharadita de comino molido

$^1/_2$ cucharadita de pimienta negra en grano, machacada

3 hojas de laurel

1 rama de canela

$^1/_4$ taza/60 ml/2 fl oz de vinagre de sidra

1 $^1/_2$ taza/375 ml/12 fl oz de caldo de pescado

1kg/2 lb mejillones en sus valvas, sin barbas y cepillados

1   Calentar el aceite en una cacerola a fuego mediano, agregar las cebollas y revolver 3 minutos o hasta que se ablanden. Agregar los chiles, el orégano, el comino, la pimienta negra, las hojas de laurel y la canela; cocinar 2 minutos, revolviendo.

2   Incorporar el vinagre y el caldo de pescado y llevar a hervor. Añadir los mejillones, bajar el fuego a mínimo y tapar la cacerola. Cocinar 5 minutos o hasta que los mejillones se abran. Descartar los que permanezcan cerrados. Servir los mejillones con el jugo de cocción.

4 porciones

Pruebe esta receta con almejas, pulpitos o calamares.

OSTIONES A LA PARRILLA CON SALSA DE PIÑA

Arriba: Ostiones a la parrilla con salsa de piña
Izquierda: Mejillones especiados en vinagre

30 ostiones
aceite de chile o de lima
hojuelas de tortilla fritas

SALSA DE PIÑA
125 g/4 oz de piña picada
$1/4$ pimiento rojo, picado fino
2 chiles verdes medianos, picados
1 cucharada de hojas de cilantro fresco
1 cucharada de hojas de menta fresca
1 cucharada de jugo de lima

1 Para hacer la salsa, colocar la piña, el pimiento rojo, los chiles, el cilantro, la menta y el jugo de lima en un bol y mezclar bien. Dejar reposar 20 minutos.

2 Pincelar los ostiones con aceite y cocinarlos en una plancha o parrilla bien caliente 30 segundos de cada lado o hasta que cambien de color. Servir en el momento, con la salsa de piña y hojuelas de tortilla fritas.

4 porciones

Para hacer las hojuelas fritas, corte tortillas del día anterior en trozos y fríalos en poco aceite durante 1-2 minutos, o hasta que estén crocantes.

Carnes
y
aves

Páginas anteriores: Pollo en salsa de semillas de calabaza, Pollo en hojas de plátano

POLLO EN SALSA DE SEMILLAS DE CALABAZA

4 pechugas de pollo deshuesadas
$^1/_2$ cebolla
2 dientes de ajo
2 tallos de cilantro fresco
4 tazas/1 litro/1 $^3/_4$ pt de agua

SALSA DE SEMILLAS DE CALABAZA
2 latas de 440 g/14 oz de tomatillos, escurridos
12 chiles serranos
$^1/_2$ atado de cilantro fresco
$^1/_4$ cebolla, picada
1 diente de ajo
1 $^1/_2$ taza/45 g/1 $^1/_2$ oz de semillas de calabaza verde (pepitas)
3 cucharadas de cacahuates sin sal

1   Colocar el pollo, la cebolla, el ajo, el cilantro y el agua en una cacerola a fuego lento. Llevar a hervor suave y cocinar 15 minutos. Retirar el pollo de la cacerola. Colar el líquido, reservarlo para la salsa y descartar los sólidos.

2   Para hacer la salsa, colocar en una procesadora o licuadora los tomatillos, los chiles, el cilantro, la cebolla y el ajo. Procesar hasta homogeneizar.

3   Calentar una sartén a fuego mediano, agregar las semillas de calabaza y cocinarlas, mientras se revuelve, 3-4 minutos o hasta que comiencen a crujir y se vean doradas. Colocar las semillas y los cacahuates en una procesadora o licuadora y procesar hasta lograr una pasta. Incorporarla a la sartén y revolver 3 minutos o hasta que se dore. Gradualmente añadir la preparación de tomatillos y 2 tazas/500 ml/16 fl oz del líquido de cocción del pollo. Llevar a hervor suave y cocinar a fuego lento 10 minutos, revolviendo con frecuencia. Incorporar el pollo a la salsa y cocinar a fuego lento 5 minutos o hasta que esté bien caliente.

4 porciones

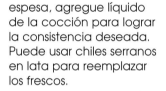

Si la salsa resulta muy espesa, agregue líquido de la cocción para lograr la consistencia deseada. Puede usar chiles serranos en lata para reemplazar los frescos.

PATO ASADO CON CHILES

1 pato de 2,5 kg/5 lb
sal marina
pimienta negra en grano, machacada
1 naranja, cortada por la mitad
1 cabeza de ajo, los dientes separados
2 cucharadas de chile suave en polvo
2 cucharadas de páprika dulce
3 dientes de ajo, machacados
2 cucharadas de tequila
3 cucharadas de menta fresca picada

1   Perforar la piel del pato con un tenedor, en toda su superficie. Luego frotarlo con sal y pimienta negra y apoyarlo sobre una rejilla ubicada dentro de una asadera. Colocar la naranja y los dientes de ajo en la cavidad del ave y hornear 30 minutos. Descartar los jugos de la asadera.

2   Mezclar el chile en polvo, la páprika, el ajo machacado y la tequila y frotar la piel del ave con esta mezcla. Reducir la temperatura del horno a 180°C/350°F/Gas 4 y hornear 40 minutos o hasta que la piel del ave esté crujiente y la carne, tierna. En el momento de servir, esparcir la menta sobre el pato.

4 porciones

Temperatura de horno
220°C, 425°F, Gas 7

Sirva con una pila de tortillas de harina calientes y una selección de salsas. Encontrará recetas variadas en el capítulo de salsas y condimentos (página 76).

POLLO EN HOJAS DE PLÁTANO

2 pechugas de pollo, con los huesos y sin piel
4 hojas de plátano grandes
4 cebollas de rabo, picadas
3 cucharadas de hojas de cilantro fresco

MEZCLA DE ESPECIAS
3 chiles Nuevo México
1 taza/250 ml/8 fl oz de agua
2 chiles verdes picantes, frescos, picados
3 dientes de ajo, picados
2 cucharadas de páprika dulce
1 cucharada de hojas de orégano fresco
2 cucharaditas de comino molido
2 cucharaditas de cáscara de naranja,
rallada fina
2 cucharadas de jugo de limón

3 Cortar las pechugas por la mitad y untarlas con la mezcla de especias. Calentar las hojas de plátano, sosteniéndolas sobre el fuego o en microondas, hasta que resulten flexibles. Colocar sobre cada hoja un trozo de pollo y esparcir arriba las cebollas y el cilantro. Doblar las hojas para encerrar el pollo y atar con hilo. Colocar los paquetes en una fuente de vidrio o cerámica y marinar en el refrigerador 3 horas o toda la noche.

4 Ubicar los paquetes de pollo en una asadera y hornear 25-35 minutos o hasta que el pollo esté tierno.

4 porciones

Temperatura de horno
160°C, 325°F, Gas 3

En el sur y en la costa de México es costumbre utilizar hojas de plátano como envoltorio de alimentos diversos. Las hojas de mazorca y el papel de aluminio son sustitutos aceptables, aunque carecen del sabor de las hojas de plátano.

1 Para la mezcla de especias, colocar los chiles Nuevo México en una sartén o comal caliente y cocinar hasta que la piel se ampolle y se chamusque. Colocar los chiles en un bol, cubrirlos con agua y dejarlos en remojo 30 minutos.

2 Escurrir los chiles y descartar el líquido. Colocar en una procesadora o licuadora los chiles remojados, los chiles verdes, el ajo, la páprika, el orégano, el comino, la cáscara de naranja y el jugo de limón y procesar hasta lograr una pasta.

Pato asado con chiles

HEBRAS DE CARNE PICANTES

750 g/1 ½ lb de carne de res fibrosa, apta para
hervor prolongado, desgrasada
1 cebolla, cortada por la mitad
2 dientes de ajo, pelados
1 clavo de olor
2 cucharaditas de semillas de comino
8 tazas/2 litros/3 ½ pt de agua

SALSA DE CHILES VERDES
Y JITOMATES
2 cucharaditas de aceite
1 cebolla picada
2 chiles verdes picantes, picados
440 g/14 oz de jitomates en lata, con su jugo
y picados

El tiempo de cocción
dependerá del corte
de carne que use. Para
completar este platillo,
acompáñelo con tortillas
de harina calientes,
ensalada y arroz verde con
hierbas (página 65).

1   Colocar en una cacerola a fuego medio
la carne, la cebolla, el ajo, el clavo de olor,
las semillas de comino y el agua. Llevar
a hervor suave y cocinar a fuego lento
1 ½ hora o hasta que la carne esté muy tierna,
espumando de tanto en tanto. Retirar
la cacerola del fuego, dejar que la carne
se enfríe en el líquido y retirar la grasa
de la superficie. Sacar la carne de la cacerola
y desmenuzarla con un tenedor. Reservar
el líquido de la cocción para la salsa.

2   Para hacer la salsa, calentar el aceite
a fuego fuerte en una sartén, agregar
la cebolla y los chiles y sofreír, revolviendo
constantemente, 3 minutos o hasta que
se ablanden. Incorporar los jitomates
y 1 taza/250 ml/8fl oz del líquido
de cocción reservado. Llevar a hervor suave
y cocinar a fuego mínimo 10 minutos o hasta
que la salsa se reduzca o espese.

3   Incorporar la carne desmenuzada
y cocinar 5 minutos o hasta que esté bien
caliente.

6 porciones

CODORNIZ EN SALSA DE PÉTALOS DE ROSA

1 lima, cortada en rodajas
3 dientes de ajo, cortados en láminas
8 codornices, limpias
aceite
pimienta negra recién molida
pétalos de rosas rojas o rosadas, para decorar
(opcional)

SALSA DE PÉTALOS DE ROSA
12 rosas rojas o rosadas fragantes,
sólo los pétalos
2 ciruelas dulces grandes, sin hueso y picadas
12 castañas
1 taza/250 ml/8 fl oz de agua
15 g/^{1}/$_2$ oz de mantequilla
2 dientes de ajo, machacados
2 cucharadas de miel

a la mezcla de pétalos y procesar hasta homogeneizar.

4   Derretir la mantequilla a fuego medio en una sartén, agregar el ajo y cocinar 3 minutos sin dejar de revolver. Incorporar la preparación de rosas y la miel, llevar a hervor suave y cocinar a fuego lento 10 minutos.

5   Colocar las codornices en una bandeja, bañarlas con la salsa y, si se desea, decorar con pétalos de rosas.

4 porciones

Temperatura de horno
180ºC, 350ºF, Gas 4

Esta receta lleva el mismo nombre que aquella que encendió la pasión en el conocido libro (y filme) mexicano *Cómo agua para chocolate*. ¡Pruébela si se atreve! Queda muy bien con arroz hervido o al vapor y una ensalada sencilla.

1   Introducir una rodaja de lima y una de ajo en la cavidad de cada codorniz. Sujetar las patas de las aves y ubicarlas en una asadera. Pincelarlas con aceite, condimentarlas con pimienta negra y hornearlas 20-25 minutos o hasta que estén tiernas.

2   Para preparar la salsa, colocar los pétalos de rosa y las ciruelas en una procesadora o licuadora y procesar hasta lograr una textura lisa. Reservar. Hacer un corte en cruz en la base de cada castaña y cocinarlas en una sartén o comal bien caliente, sacudiendo de tanto en tanto, hasta que la cáscara se abra.

3   Hervir agua en una cacerola, incorporar las castañas y hervirlas 20 minutos. Escurrirlas y quitarles la cáscara y la piel. Añadir las castañas y 1 taza/250 ml/8 fl oz de agua

Izquierda: Hebras de carne picantes con Arroz verde con hierbas (página 65)
Derecha: Codorniz en salsa de pétalos de rosa

CERDO CON MOLE Y BOLLITOS DE MASA

Como es usual en la gastronomía mexicana, existen cientos de variedades de salsas conocidas como moles. Se cree que son originarios de los estados de Puebla y Oaxaca, y entre los más famosos figuran el mole poblano (a menudo llamado pavo con salsa de chocolate, ya que incluye una pequeña cantidad de chocolate mexicano), el mole negro, el rojo, el amarillo y el verde.

Sirva como plato único, con cebollas en tajadas muy finas y gajos de lima.

1 kg/2 lb de chuletas de cerdo, desgrasadas
^{1}/₂ cebolla
2 dientes de ajo
315 g/10 oz de ejotes
315 g/10 oz de calabacitas, picadas

MOLE AMARILLO

2 chiles anchos
4 chiles guajillos
250 g/8oz de tomatillos en lata, escurridos y pelados
1 jitomate
6 dientes de ajo
2 cucharadas de coriandro molido
2 granos de pimienta negra
1 clavo de olor
^{1}/₂ cucharadita de comino molido
1 cucharada de aceite

BOLLITOS DE MASA

500 g/1 lb de masa fresca
60 g/2 oz de mantequilla o manteca de cerdo

1   Colocar el cerdo, la cebolla y el ajo en una cacerola y cubrir con agua. Llevar sobre fuego mediano y cocinar por hervor suave 50 minutos o hasta que el cerdo esté tierno; espumar de tanto en tanto.

2   Agregar los ejotes y las calabacitas y cocinar 5 minutos. Luego retirar el cerdo y los vegetales y reservar. Colar el líquido de cocción y reservar.

3   Para hacer el mole, colocar en un bol los chiles anchos y guajillos, cubrir con agua y dejar en remojo 20 minutos o hasta que se ablanden. Escurrirlos y descartar el agua. Colocarlos en una sartén o comal bien caliente y cocinarlos hasta que la piel resulte ampollada y chamuscada. Reservarlos hasta que sea posible manipularlos sin quemarse y luego con cuidado quitarles las semillas.

4   Colocar en una procesadora o licuadora los chiles, los tomatillos, el jitomate, el ajo, el coriandro, los granos de pimienta, el clavo de olor y el comino. Procesar y pasar por tamiz.

5   En una sartén calentar el aceite a fuego mediano, agregar la mezcla procesada y cocinar 8 minutos, sin dejar de revolver. Incorporar 6 tazas/1,5 litros/2 ^{1}/₂ pt del líquido de cocción reservado, llevar a hervor y suave y cocinar a fuego lento 10 minutos.

6   Para hacer los bollitos, colocar en un bol la masa y la mantequilla o manteca y trabajar con los dedos para integrarlas. Dividir la masa en 24 porciones y formar bollitos achatados. Con el pulgar hundir el centro de cada uno hasta aproximadamente la mitad de su espesor. Incorporar los bollitos al mole y revolver con suavidad 8-10 minutos o hasta que estén tiernos. Luego incorporar el cerdo y los vegetales y cocinar a fuego lento 4 minutos o hasta calentar.

6 porciones

Colocar en un bol la masa y la mantequilla o manteca y trabajar con los dedos para integrarlas.

Formar bollitos achatados. Con el pulgar hundir levemente el centro de cada uno.

CORDERO AL HORNO CON CHILES

Temperatura de horno
150ºC, 300ºF, Gas 2

1 pierna de cordero de 1,5 kg/3 lb, desgrasada

PASTA DE CHILES Y AJO
4 chiles anchos
3 dientes de ajo, sin pelar
1 jitomate maduro, pelado y picado
1 cucharada de orégano fresco picado
$^{1}/_{2}$ cucharadita de comino molido
$^{1}/_{2}$ cucharadita de pimienta negra en grano, machacada
2 cucharadas de vinagre de sidra

Corte el cordero en rodajas y sírvalo con tortillas calientes, vegetales y una selección de salsas.

1 Para hacer la pasta, colocar los chiles y el ajo en una sartén o comal caliente, sin materia grasa, y cocinarlos a fuego vivo hasta que la piel resulte ampollada y chamuscada. Colocar los chiles en un bol, cubrir con agua caliente y dejar en remojo 30 minutos. Escurrir los chiles y descartar el agua.

2 Apretar los dientes de ajo con los dedos para extraerlos de la cáscara. Colocar los chiles, el ajo, el jitomate, el orégano, el comino, la pimienta y el vinagre en una procesadora o licuadora. Procesar para obtener la pasta.

3 Colocar el cordero en una fuente de cerámica o vidrio, untarlo con la pasta de chiles, tapar y dejar marinar en el refrigerador por lo menos 3 horas o toda la noche.

4 Pasar el cordero a una asadera y hornear 3 horas o hasta que esté tierno.

6 porciones

TORTILLAS CON CORDERO

Temperatura de horno
180ºC, 350ºF, Gas 4

500 g/1 lb de masa fresca
315 g/10 oz de frijoles refritos (página 64)
315 g/10 oz de queso feta, desmenuzado
1 taza/250 ml/8 fl oz de salsa enchilada
(página 78)
gajos de lima
chiles frescos, picados

CORDERO EN COCCIÓN DOBLE
1 pierna de cordero de 1,5 kg/3 lb
1 cebolla, partida por la mitad
2 dientes de ajo
3 ramitas de orégano fresco
$^{1}/_{2}$ cucharadita de semillas de comino
chile en polvo

La masa fresca puede adquirirse en tiendas de especialidades mexicanas o mayoristas. Encontrará más datos en el glosario de la página 80.

1 Colocar el cordero, la cebolla, el ajo, el orégano y las semillas de comino en una cacerola y cubrir con agua. Llevar a hervor, tapar, bajar la llama y cocinar a fuego lento 1 $^{1}/_{2}$ hora o hasta que la carne esté tierna. Escurrir el cordero y pasarlo a una asadera. Espolvorearlo con chile en polvo y hornearlo 30 minutos. Desmenuzarlo y reservarlo.

2 Tomar 4 cucharadas de masa; estirarlas entre dos hojas de papel antiadherente para formar un disco grande y muy fino. Colocar una tortilla en una sartén o comal sin materia grasa, bien caliente, y cocinar 3 minutos de cada lado o hasta que esté crocante. Reservar al calor mientras se cocinan las demás tortillas.

3 Distribuir sobre las tortillas los frijoles, el cordero, el queso feta y la salsa enchilada y hornear 10 minutos. Servir con gajos de lima y chiles picados.

4 porciones

Cordero al horno con chiles,
Tortillas con cordero

CARNE A LA PARRILLA SANTA FE

6 bistecs
1 aguacate cortado en tajadas
gajos de lima
2 cebollas de rabo, cortadas en aros

MEZCLA PICANTE
$^{1}/_{2}$ cebolla, picada bien fina
3 dientes de ajo, machacados
1 cucharada de chile suave en polvo
2 cucharadas de cáscara de lima rallada
1 cucharadita de comino molido
2 cucharadas de aceite de oliva
2 cucharadas de jugo de lima

Ofrezca tortillas calientes, frijoles refritos (página 64) y ensalada de lechuga para completar este apetitoso platillo.

1   Para hacer la mezcla picante, colocar en un bol la cebolla, el ajo, el chile en polvo, la cáscara de lima rallada, el comino, el aceite y el jugo de lima y revolver para integrar.

2   Untar los bistecs, de ambos lados, con la mezcla picante. Colocarlos entre dos trozos de film y aplastarlos con la masa especial o el palote de amasar hasta dejarlos de 5 mm/$^{1}/_{4}$ in de espesor.

3   Cocinar los bistecs en una parrilla o sartén, bien caliente, 30-60 segundos de cada lado o hasta que estén tiernos. Servir de inmediato con tajadas de aguacate, gajos de lima y cebollas de rabo.

6 porciones

CERDO CON SALSA DE CHILES ROJOS

1 kg/2 lb de carne de cerdo sin hueso, desgrasada

90 g/3 oz de aceitunas verdes

1 cebolla, cortada en tajadas

SALSA DE CHILES ROJOS

8 chiles anchos, sin semillas ni nervaduras

1 cucharada de aceite

1 cebolla, picada

2 dientes de ajo, machacados

1 cucharadita de comino molido

1 cucharada de orégano fresco picado

1 ¹/₂ taza/375 ml/12 fl oz de caldo de pollo o de res

1 taza/250 ml/8 fl oz de jugo de naranja

¹/₃ taza/90 ml/3 fl oz de vinagre de sidra

1   Para hacer la salsa, abrir y aplanar los chiles. Calentar el aceite a fuego mediano en una sartén, agregar los chiles y cocinarlos unos segundos de cada lado. Escurrirlos sobre papel absorbente y colocarlos en un bol. Cubrirlos con agua hirviente y dejarlos en remojo 2-3 horas. Escurrirlos y descartar el agua.

2   Calentar la sartén a fuego mediano, incorporar la cebolla y el ajo y cocinar, revolviendo, 3 minutos o hasta que se ablanden. En una procesadora o licuadora colocar la cebolla con el ajo, los chiles, el comino, el orégano y ²/₃ taza/170 ml/5 ¹/₂ fl oz de caldo y procesar. Pasar la mezcla a la sartén y cocinar, sin dejar de revolver, 5 minutos o hasta que se reduzca y espese. Añadir el caldo restante, el jugo de naranja y 1 cucharada de vinagre. Llevar a hervor suave y cocinar a fuego lento 25 minutos o hasta que la salsa se reduzca y espese. Dejar enfriar.

3   Combinar la salsa fría con el vinagre restante. Colocar el cerdo en un plato de vidrio o cerámica y bañarlo con un tercio de la salsa. Tapar y dejar marinar en el refrigerador 2-3 horas.

4   Escurrir el cerdo y cocinarlo en una parrilla o sartén, bien caliente, 2-3 minutos de cada lado o hasta que tome color tostado. Pasarlo a una asadera y hornear 45-50 minutos o hasta que esté tierno. Calentar el resto de la salsa en una cacerola a fuego lento. Para servir, cortar el cerdo en tajadas y acomodarlas en una fuente. Bañarlo con la salsa y esparcir las aceitunas y las tajadas de cebolla.

6 porciones

Temperatura de horno
150ºC, 300ºF, Gas 2

Si no quiere encender el horno, realice en la parrilla la cocción completa de la carne. Después de la primera etapa, baje el fuego y cocine hasta que la carne esté tierna. Esta receta también se puede hacer con pollo. Para completar la comida, sirva con tortillas calientes y ensalada.

Derecha: Cerdo con salsa de chiles rojos
Izquierda: Carne a la parrilla Santa Fe
con Frijoles refritos (página 64)

Ensaladas y vegetales

Páginas anteriores: Ensalada
mixta de vegetales,
Ensalada de chiles poblanos
y nueces
Página opuesta: Ensalada
de pollo Nuevo México

Temperatura de horno
200ºC, 400ºF, Gas 6

El árbol de palta
pertenece a la familia
de las lauráceas, de modo
que es primo del laurel.
Es oriundo de México y
América Central, donde
su fruto y sus hojas
se emplean en la
gastronomía.
Probablemente el más
conocido de los platillos
mexicanos a base de
palta sea el guacamole;
busque la receta en la
página 76.

ENSALADA MIXTA DE VEGETALES

500 g/1 lb de col colorada, cortada en fina
juliana
3 remolachas, peladas y cortadas
en fina juliana
$^1/_2$ atado/250 g/8 oz de espinaca, las hojas
cortadas en fina juliana
2 zanahorias, peladas y cortadas en fina
juliana
1 cebolla roja, cortada en tajadas finas

CRUTONES DE TORTILLA
6 tortillas de harina del día anterior, cortadas
en cuadrados de 1 cm/$^1/_2$ in
3 dientes de ajo, machacados
2 cucharadas de aceite

ADEREZO DE AGUACATE
1 aguacate, pelado y picado
1 taza/250 ml/8 fl oz de leche
2 cucharadas de hojas de cilantro fresco
1 chile verde fresco, picado
1 cucharada de jugo de lima
pimienta negra recién molida

1   Dentro de un bol mezclar la col colorada,
las remolachas, la espinaca, las zanahorias
y la cebolla. Pasar a una fuente.

2   Para obtener los crutones, colocar en
un bol los trozos de tortilla, el ajo y el aceite
y revolver para integrar. Esparcir, en una sola
capa, sobre una placa. Hornear 10-15 minutos
o hasta que los crutones estén dorados
y crocantes.

3   Para hacer el aderezo, colocar el aguacate
y la leche en una procesadora o licuadora
y procesar hasta lograr una textura cremosa.
Incorporar el cilantro, los chiles, el jugo
de lima y pimienta negra a gusto y volver
a procesar hasta homogeneizar.

4   Para servir, esparcir los dados
de tortilla sobre la ensalada y rociar con
el aderezo.

6 porciones

ENSALADA DE CHILES POBLANOS Y NUECES

Las granadas, conocidas
también como manzanas
chinas, contienen semillas
de color blanco rodeadas
por pequeños sacos
jugosos. Las semillas
constituyen una excelente
guarnición para platillos
tanto salados como
dulces.

2 cucharadas de aceite
8 chiles poblanos, sin semillas y cortados en
tajadas
12 hojas de lechuga
60 g/2 oz de hojas de berro
3 jitomates maduros, picados
1 aguacate, picado
semillas de 1 granada (opcional)

ADEREZO DE NUEZ
60 g/2 oz de nueces
$^1/_2$ taza/125 ml/4 fl oz de leche
90 g/3 oz de queso feta, desmenuzado
1 cucharada de azúcar

1   Calentar el aceite a fuego mediano
en una sartén, agregar los chiles y revolver
2-3 minutos o hasta que estén crujientes.
Escurrirlos sobre papel absorbente.

2   Para hacer el aderezo, colocar las nueces
en una sartén a fuego lento y revolver
3 minutos o hasta que se tuesten ligeramente.
Colocar las nueces y la leche en una
procesadora o licuadora y procesar hasta
lograr una textura lisa. Incorporar el queso
y el azúcar y seguir procesando hasta
homogeneizar.

3   Para servir, colocar en un bol la lechuga,
las hojas de berro, los jitomates y el aguacate,
revolver para combinar y pasar a una fuente.
Rociar con el aderezo y esparcir las tiras
de chiles y, si se desea, las semillas de granada.

4 porciones

ENSALADA DE POLLO NUEVO MÉXICO

1 manojo de rúcula joven
flores comestibles a elección
6 hojas de radicchio, cortadas en fina juliana
1 pomelo, pelado y sin membrana blanca,
separado en gajos
2 pechugas de pollo ahumadas, cortadas
en tajadas

ADEREZO DE CHILE Y PIÑONES

4 cucharadas de piñones, tostados
6 hojas de laurel
2 chiles rojos frescos, picados finos
2 cucharadas de azúcar
$^1/_3$ taza/90 ml/3 fl oz de vinagre de vino tinto
$^1/_4$ taza/60 ml/2 fl oz de aceite de oliva

1   Disponer en los platos, en forma atractiva, la rúcula, las flores y las hojas de radicchio. Coronar con los gajos de pomelo y las tajadas de pollo.

2   Para hacer el aderezo, colocar en un bol los piñones, las hojas de laurel, los chiles, el azúcar, el vinagre y el aceite y mezclar. En el momento de servir, rociar la ensalada con el aderezo.

4 porciones

Las flores comestibles entre las que puede optar son nasturtiums, geranios perfumados, rosas, caléndulas, violetas y flores de calabacita. También puede utilizar las flores de la mayoría de las hierbas: cebollín, rúcula, borraja, eneldo, romero, lavanda y albahaca. Las tiendas de alimentos especiales y verdulerías venden flores comestibles surtidas, en paquetes.

ENSALADA DE CALABAZAS

Temperatura de horno
200°C, 400°F, Gas 6

Existen evidencias
arqueológicas de que
ciertas variedades de
calabaza ya se cultivaban
y consumían en México
en el año 2000 a.C.

1 kg/2 lb de calabaza butternut, pelada
y picada
350 g/11 oz de calabacitas patty pan verdes
o amarillas
4 zanahorias, peladas y cortadas
por la mitad
2 cucharaditas de cáscara de lima
rallada fina
1 cucharada de aceite de oliva
pimienta negra recién molida
155 g/5 oz de queso feta, desmenuzado

ADEREZO DE CEBOLLAS VERDES
12 cebollas de rabo, cortadas en aros
3 chiles verdes suaves, frescos,
cortados en tajadas
$^1/_3$ taza/90 ml/3 fl oz de aceite de oliva
$^1/_4$ taza/60 ml/2 fl oz de vinagre de sidra
2 cucharadas de jugo de lima

1   Disponer la calabaza, las calabacitas,
las zanahorias, la cáscara de lima, 1 cucharada
de aceite de oliva y pimienta negra a gusto en
una asadera, mezclar y hornear 30 minutos
o hasta que los vegetales estén dorados
y tiernos.

2   Para hacer el aderezo, colocar en un tazón
las cebollas de rabo, los chiles, el aceite
de oliva, el vinagre y el jugo de lima y batir
ligeramente para integrar.

3   Ubicar los vegetales en una fuente
y esparcir el queso y el aderezo por encima.

6 *porciones*

ENSALADA MEXICANA DE NARANJAS

Arriba: Ensalada mexicana de naranjas
Izquierda: Ensalada de calabazas

6 naranjas, peladas y sin membrana blanca,
cortadas en rodajas
2 cebollas rojas, cortadas en tajadas
90 g/3 oz de almendras tostadas, picadas
2 chiles rojos medianos, frescos, picados
$^1/_2$ manojo de cilantro fresco
4 cucharadas de hojas de menta fresca
$^1/_4$ atado/125 g/4 oz de espinaca, las hojas
en juliana

Colocar en un bol las naranjas, las cebollas,
las almendras, los chiles, las hojas del cilantro
y la menta. Mezclar y dejar reposar
30 minutos. En una fuente hacer un lecho
con la espinaca y disponer encima la ensalada.

6 porciones

Sirva con carnes o pollo a
la parrilla y ofrezca cebolla
extra como complemento.

53

PIMIENTOS ASADOS CON HIERBAS

3 pimientos rojos
2 pimientos verdes
4 chiles verdes medianos, frescos
2 cebollas, cortadas en cuartos
2 cucharadas de hojas de mejorana fresca
2 cucharadas de hojas de tomillo fresco
¼ taza/60 ml/2 fl oz de jugo de lima
¼ taza/60 ml/2 fl oz de aceite de oliva
pimienta negra recién molida

1   Colocar los pimientos y los chiles en una sartén o comal bien caliente y cocinar hasta que la piel resulte ampollada y chamuscada. Ubicarlos dentro de una bolsa plástica y dejarlos reposar 10 minutos o hasta que sea posible tocarlos sin quemarse.

2   Retirar con cuidado la piel de los pimientos y los chiles, cortar la parte superior y quitar las semillas y membranas. Cortar en tajadas gruesas.

3   Colocar las cebollas en la sartén o comal y cocinar 5 minutos o hasta que se ablanden y se tuesten.

4   Disponer en un bol los pimientos, los chiles, las cebollas, la mejorana, el tomillo, el jugo de lima, el aceite y pimienta negra a gusto y mezclar. Dejar reposar 30 minutos antes de servir.

6 porciones

El comal es una especie de sartén plana de acero, hierro fundido o loza de barro rústico que se utiliza para cocinar y calentar tortillas y para tostar otros ingredientes, como chiles y semillas de calabaza. Para más información, vea el glosario en la página 79.

Colocar los pimientos verdes y rojos y los chiles en una sartén caliente o comal y cocinar hasta que la piel quede chamuscada.

Con cuidado, retirar la piel de los pimientos y los chiles, quitar la parte superior y las semillas.

Colocar las cebollas en una sartén caliente o comal y cocinar hasta que resulten chamuscadas.

VERDES CON ADEREZO DE AJO

1 atado/500 g/1 lb de espinaca, cortada
en fina juliana
185 g/6 oz de ejotes
4 calabacitas, cortadas en rodajas

ADEREZO DE AJO ASADO
6 dientes de ajo, con cáscara
½ taza/125 ml/4 fl oz de aceite de oliva
3 cucharadas de vinagre balsámico
o de vino tinto
pimienta negra recién molida
2 cucharadas de perejil fresco picado

Muchos de los vegetales que más se consumen en la actualidad son originarios de México y se conocieron en el viejo mundo a partir del siglo XVI. Entre ellos figuran calabacitas, calabazas, pimientos dulces y picantes, papas y jitomates.

1   Cocinar por hervido, al vapor o en microondas la espinaca, los ejotes y las calabacitas, por separado, sólo hasta que cambien de color. Escurrir y acomodar en una fuente.

2   Para hacer el aderezo, colocar los dientes de ajo en una sartén o comal a fuego vivo y cocinar hasta que la cáscara esté chamuscada. Dejarlos enfriar ligeramente y quitarles la cáscara. Colocarlos junto con el aceite, el vinagre y pimienta negra a gusto en una procesadora o licuadora y procesar hasta lograr una textura lisa. Agregar el perejil, revolver y verter por cucharadas sobre los vegetales tibios.

4 porciones

PAPAS CON VINAGRETA DE CHILES

2 kg/4 lb de papas nuevas baby, cortadas
por la mitad

VINAGRETA DE CHILES
2 cebollas rojas, cortadas en tajadas
3 chiles jalapeños, picados
3 chiles rojos frescos, sin semillas y picados
2 dientes de ajo, machacados
2-3 cucharadas de azúcar
2 cucharadas de alcaparras, escurridas
2 cucharadas de hojas de tomillo fresco
1 cucharada de hojas de orégano fresco
4 hojas de laurel fresco o seco
1 taza/250 ml/8 fl oz de vinagre de sidra
½ taza/250 ml/4 fl oz de agua

No reserve esta ensalada sólo para comidas mexicanas; es una propuesta interesante pa ra cualquier mesa de bufé o salad bar. Puede reforzarla con chiles cortados en tajadas.

1   Colocar las papas en una cacerola con agua hirviente y cocinarlas hasta que estén tiernas. Escurrirlas y colocarlas en un cuenco para servir.

2   Para hacer el aderezo, combinar en un bol las cebollas, los chiles jalapeños y rojos, el ajo, el azúcar, las alcaparras, el tomillo, el orégano, las hojas de laurel, el vinagre y el agua. Verter sobre las papas calientes y mezclar. Dejar reposar a temperatura ambiente 2 horas antes de servir.

6 porciones

Papas con vinagreta de chiles,
Verdes con aderezo de ajo

Arroz, frijoles y maíz

Páginas anteriores: Ensalada de frijoles al estilo Guanajuato, Budín de maíz

ENSALADA DE FRIJOLES AL ESTILO GUANAJUATO

La gente de Guanajuato sostiene que cuantas más variedades de frijoles incluya en este platillo, más afortunado será. Para una comida sustanciosa, sirva con tortillas de harina calientes.

155 g/5 oz de garbanzos cocidos o en lata, escurridos y enjuagados
155 g/5 oz de frijoles negros, cocidos o en lata, escurridos y enjuagados
155 g/5 oz de frijoles pintos, cocidos o en lata, escurridos y enjuagados
250 g/8 oz de ejotes
3 jitomates, cortados en dados
3 chiles rojos suaves, frescos, cortados en tiras
$^1/_2$ cebolla, cortada en tajadas muy finas

ADEREZO DE CILANTRO Y LIMA
2 cucharadas de cilantro fresco picado
$^1/_4$ taza/6 ml/2 fl oz de jugo de lima
2 cucharadas de aceite de oliva
pimienta negra recién molida

1   Combinar en un bol los garbanzos y ambas clases de frijoles.

2   Cocinar los ejotes por hervido, al vapor o en microondas hasta que estén apenas tiernos. Escurrirlos y refrescarlos con agua corriente fría. Agregar los garbanzos y frijoles, los jitomates, los chiles y la cebolla y mezclar.

3   Para hacer el aderezo, colocar en un tazón el cilantro, el jugo de lima, el aceite y pimienta negra a gusto y batir ligeramente para integrar. Verter el aderezo sobre la ensalada y dejar reposar 30 minutos antes de servir.

6 porciones

BUDÍN DE MAÍZ

Temperatura de horno
190ºC, 375Fº, Gas 5

1,2 kg/2 $^1/_2$ lb de granos de maíz dulce frescos, congelados o en lata
125 g/4 oz de mantequilla, derretida
2 cucharaditas de polvo para hornear
2 calabacitas, ralladas
3 chiles rojos medianos, frescos, picados
$^1/_2$ cebolla, en tajadas finas
60 g/2 oz de queso mozzarella, rallado

Sirva este delicioso budín como guarnición de carnes asadas o frutos de mar, o con ensalada y tortillas calientes como opción vegetariana.

1   Colocar 875 g/1 $^3/_4$ lb de granos de maíz dulce y la mantequilla en una procesadora o licuadora y procesar hasta obtener una pasta lisa. Pasarla a un bol, agregar el polvo para hornear y el resto de los granos de maíz y unir bien.

2   Colocar las calabacitas entre hojas de papel absorbente y presionar con suavidad para extraer la mayor cantidad posible de agua. Incorporar las calabacitas y los chiles a la mezcla de maíz y revolver. Volcar en una fuente térmica de 23 cm/9 in, engrasada.

3   Distribuir la cebolla y el queso sobre la preparación y hornear 30 minutos o hasta que el budín esté firme y un cuchillo insertado en el centro salga limpio.

8 porciones

CRÊPES DE MAÍZ CON VEGETALES

¹/₂ taza/60 g/2 oz de harina
¹/₃ taza/60 g/2 oz de polenta
3 huevos
30 g/1 oz de mantequilla, derretida
³/₄-1 taza/185-250 ml/6-8 fl oz de leche
155 g/5 oz de granos de maíz dulce cocidos o
en lata, picados groseramente
4 cucharadas de cilantro fresco picado
1 chile verde fresco, picado fino

RELLENO DE VEGETALES
1 elote
2 pimientos rojos, cortados en cuartos
2 cebollas rojas, cortadas en cuartos
4 jitomates perita, cortados en cuartos
aceite de chile

Colocar los vegetales en una fuente térmica, tapar y reservar al calor.

3   Para cocinar las crêpes, calentar sobre fuego mediano una sartén de 23 cm/9 in, aceitada. Verter 3-4 cucharadas de pasta y, para que cubra toda la base, inclinar la sartén y hacerla girar. Cocinar 1-2 minutos de cada lado o hasta dorar. Retirar la crêpe de la sartén y mantenerla caliente. Repetir con la pasta restante para hacer 4 crêpes.

4   Para servir, colocar una porción de relleno sobre una mitad de cada crêpe y luego doblar.

4 porciones

Complete con salsa de ajo y chiles (página 78) y gajos de lima.

1   Colocar la harina y la polenta en un bol, mezclar bien y hacer un hueco en el centro. Incorporar los huevos, la mantequilla y leche suficiente para obtener una pasta; batir ligeramente. Agregar el maíz dulce, el cilantro y el chile. Dejar reposar 30 minutos.

2   Para hacer el relleno, pincelar con aceite de chile el elote, los pimientos, las cebollas y los jitomates y cocinar todos los vegetales sobre una parrilla o comal bien caliente hasta que estén cocidos y levemente chamuscados. Dejar enfriar un poco y luego desgranar el elote.

Crêpes de maíz con vegetales

NACHOS CON FRIJOLES NEGROS

Temperatura de horno
180ºC, 350ºF, Gas 4

El epazote fresco
(chenopodium
ambrosioides) es una
hierba muy utilizada en
la cocina mexicana
tradicional. Tiene un sabor
anisado y se la usa con
frecuencia en platillos con
frijoles, ya que exalta su
sabor y reduce sus efectos
gaseosos. Es difícil
obtenerla en otros países,
donde se la llama
wormweed o quenopodio
y se la considera maleza;
en ocasiones se consigue
seca. En México, el
epazote seco se utiliza
como té medicinal.

250 g/8 oz de frijoles negros secos, remojados
durante toda la noche y escurridos
2 ½ cucharadas de aceite
1 cebolla, picada
2 dientes de ajo, machacados
2 chiles rojos picantes, frescos, picados
1 cucharadita de comino molido
1 taza/250 ml/8 fl oz de caldo de verduras
125 g/4 oz de queso mozzarella, rallado
6 chiles rojos suaves, frescos, cortados
en tiras finas
250 g/8 oz de hojuelas de maíz fritas o trozos
de tortillas de maíz fritas

1   Colocar los frijoles en una cacerola. Verter
agua fría hasta alcanzar unos 5 cm/2 in por
encima de los frijoles. Llevar a hervor
y mantenerlo 10 minutos. Bajar la llama, tapar
y cocinar a fuego lento 45 minutos o hasta
que los frijoles estén tiernos. Escurrir
y reservar.

2   Calentar ½ cucharada de aceite en
una sartén sobre fuego mediano, agregar
la cebolla, el ajo, los chiles picantes
y el comino y cocinar, revolviendo
constantemente, 3 minutos o hasta que
la cebolla esté tierna. Añadir la mitad de
los frijoles y, mientras se sigue cocinando,
pisarlos con un pisapapas hasta obtener
un puré grueso. Incorporar los frijoles
restantes y el caldo, llevar a hervor suave
y cocinar a fuego lento 5 minutos o hasta que
la mezcla se reduzca y espese.

3   Pasar la preparación a una fuente térmica,
espolvorear con el queso y hornear
20 minutos o hasta que se derrita.

4   Calentar el aceite restante en una sartén
a fuego fuerte hasta que esté muy caliente,
luego agregar los chiles suaves y cocinar
2 minutos o hasta que estén crujientes.
Escurrir sobre papel absorbente. Para servir,
disponer las hojuelas de maíz en el contorno
de la fuente de los frijoles y esparcir las tiras
de chile fritas.

4 porciones

Estos nachos son deliciosos
si se sirven con salsa a
elección y crema agria. En
la foto aparecen con salsa
mexicana (página 76).

*Agregar a la sartén la mitad de los frijoles
y pisarlos para lograr un puré grueso.*

*Pasar la preparación a una fuente térmica
y espolvorear con el queso.*

*Cocinar los chiles suaves en aceite caliente
2 minutos o hasta que estén crujientes.*

FRIJOLES BORRACHOS

375 g/12 oz de frijoles pintos secos, remojados
durante toda la noche y escurridos
1 cebolla, en mitades
3 dientes de ajo
15 g/½ oz de mantequilla
1 cucharada de aceite
1 cebolla, picada
2 jitomates, picados
2 chiles serranos, picados
1 manojo de cilantro fresco, las hojas picadas
1 taza/250 ml/8 fl oz de cerveza

1 Colocar los frijoles en una cacerola. Verter agua fría hasta alcanzar unos 5 cm/2 in por encima de los frijoles. Llevar a hervor y mantenerlo 10 minutos. Bajar la llama, añadir la cebolla en mitades y el ajo, tapar y cocinar a fuego lento 1 ½ hora o hasta que los frijoles estén tiernos. Escurrir y reservar.

2 Calentar la mantequilla y el aceite en una sartén a fuego mediano, incorporar la cebolla picada y cocinar 3 minutos o hasta que se ablande. Agregar los jitomates, los chiles, el cilantro, la cerveza y los frijoles, llevar a hervor suave y cocinar a fuego lento 40 minutos o hasta que la mezcla se reduzca y espese.

4 porciones

Sirva los frijoles con tortillas y carnes al horno o a la parrilla.

FRIJOLES REFRITOS

375 g/12 oz de frijoles negros, pintos
o rosados secos, remojados durante
toda la noche y escurridos
½ cebolla
15 g/½ oz de mantequilla o manteca de cerdo
10 tazas/2,5 litros/4 ¼ pt de agua
3 chiles serranos, picados
½ taza/125 ml/4 fl oz de aceite

1 Colocar los frijoles, la cebolla, la mantequilla o manteca de cerdo y el agua en una cacerola u olla de barro cocido, llevar a hervor y mantenerlo 10 minutos. Bajar la llama, tapar y cocinar a fuego lento 1 ½ hora o hasta que los frijoles estén tiernos. Si fuera necesario, añadir agua durante la cocción; los frijoles deben estar siempre cubiertos. Agregar los chiles y revolver.

2 Calentar el aceite en una sartén a fuego mediano, agregar 3-4 cucharadas colmadas de frijoles con su líquido de cocción y, mientras se cocina, pisarlos con un pisapapas hasta obtener un puré grueso. Repetir la operación con el resto de los frijoles. Seguir cocinando y revolver hasta que el líquido se evapore.

6 porciones

Tradicionalmente se usaba manteca de cerdo y no aceite para freír los frijoles. En la sección mexicana de la mayoría de los supermercados se puede conseguir frijoles refritos en lata, que son una buena alternativa cuando no se dispone de tiempo para hacerlos.
Complete este platillo con queso feta desmenuzado y jitomates al horno, o con tortillas con salsa.

ARROZ VERDE CON HIERBAS

1 cebolla, cortada en cuartos y horneada
8 hojas de espinaca
3 cucharadas de perejil fresco picado
3 cucharadas de cilantro fresco picado
2 chiles verdes suaves, frescos, sin semillas
y picados
2 dientes de ajo, horneados
3 tazas/750 ml/1 ¼ pt de caldo de pollo
1 cucharada de aceite
1 taza/220 g/7 oz de arroz blanco

1   Colocar la cebolla, la espinaca, el perejil,
el cilantro, los chiles, el ajo
y ⅓ taza/90 ml/3 fl oz de caldo en una
procesadora o licuadora y procesar.

2   Colocar el resto del caldo en una cacerola
a fuego mediano, llevar a hervor, bajar
el fuego y mantener caliente.

3   Calentar el aceite en otra cacerola a fuego
mediano, agregar el arroz y cocinar, sin dejar
de revolver, 2-3 minutos o hasta que el arroz
se torne opaco. Agregar la mezcla procesada
y el caldo caliente y revolver. Llevar a hervor
suave, tapar y cocinar a fuego lento
20-25 minutos o hasta que el arroz esté tierno
y haya absorbido el líquido.

6 porciones

Aquellos a quienes aun los chiles más suaves les resultan picantes pueden reemplazarlos, en esta receta, por pimientos verdes. Sirva este manjar sencillo con carnes o pescados al horno o a la parrilla.

ARROZ ROJO MEXICANO

2 tazas/440 g/14 oz de arroz blanco
de grano largo
2 cucharadas de aceite
1 cebolla, picada
2 dientes de ajo, machacados
4 chiles verdes frescos
1 cucharada de orégano fresco picado
4 tazas/l litro/1 ¾ pt de caldo de pollo
1 taza/250 ml/8 fl oz de puré de jitomates
pimienta negra recién molida

1   Colocar el arroz en un bol, cubrirlo con
agua caliente y remojarlo 5 minutos. Escurrir
y descartar el agua.

2   Calentar el aceite a fuego medio en una
sartén profunda, agregar la cebolla y el ajo
y cocinar, revolviendo, 4 minutos o hasta
que estén dorados y tiernos. Incorporar
el arroz y revolver 1 minuto.

3   Añadir los chiles, el orégano, el caldo,
el puré de jitomates y pimienta negra a gusto,
revolver y llevar a hervor. Bajar la llama, tapar
y cocinar a fuego lento 20 minutos o hasta
que el arroz esté tierno.

6 porciones

Sirva el arroz con carnes o pollo a la parrilla, tortillas y salsas.

Postres y tragos

Páginas anteriores: Naranjas aztecas, Café mexicano (página 72), Chimichangas rellenas con frutas

CHIMICHANGAS RELLENAS CON FRUTAS

4 tortillas de harina
aceite para freír
azúcar para espolvorear

RELLENO DE FRUTAS Y COCO
125 g/4 oz de piña picada
60 g/2 oz de fresas picadas
4 cucharadas de coco en escamas
2 cucharadas de menta fresca picada

1   Para hacer el relleno, colocar la piña, las fresas, el coco y la menta en un bol y mezclar.

2   Calentar las tortillas, de a una por vez, en una sartén sin materia grasa sobre fuego mediano, 20-30 segundos de cada lado o hasta que se ablanden. Colocar 1-2 cucharadas de relleno en el centro de cada tortilla, doblar por la mitad y presionar los bordes para sellar.

3   Calentar abundante aceite en una cacerola a fuego fuerte hasta que un dado de pan se dore en 50 segundos. Con una pinza sostener las tortillas rellenas y freír con cuidado 2-3 minutos o hasta que se doren y estén crocantes. Escurrir sobre papel absorbente, espolvorear generosamente con azúcar y servir.

4 porciones

No es raro que el aceite salpique cuando se fríen las chimichangas; para evitar quemaduras conviene usar manoplas que cubran incluso los antebrazos.
Las chimichangas son deliciosas servidas con crema batida y café mexicano (página 72), como postre o bocado dulce.

NARANJAS AZTECAS

4 naranjas, peladas y sin membrana blanca, cortadas en rodajas
250 g/8 oz de fresas, limpias y en mitades
2 cucharadas de azúcar
cáscara de 1 lima, cortada en hebras
2 cucharadas de jugo de lima
2 cucharadas de tequila
1 cucharada de agua de azahar

Colocar las naranjas y las fresas en un bol. Combinar el azúcar, la cáscara y el jugo de lima, la tequila y el agua de azahar y verter sobre las frutas. Mezclar, tapar y refrigerar 3 horas antes de servir.

6 porciones

Sirva con crema batida con un poco de azúcar y perfumada con canela molida.

Leche acaramelada

LECHE ACARAMELADA

1 taza/250 g/8 oz de azúcar
8 yemas
¹/₃ taza/45 g/1 ¹/₂ oz de almidón de maíz
5 tazas/1,2 litro/2 pt de leche
¹/₂ taza/60 g/2 oz de pasta de almendras
1 cucharada de esencia de vainilla
una pizca de canela molida

CUBIERTA DE AZÚCAR
¹/₂ taza/125 g/4 oz de azúcar
30 g/1 oz de mantequilla, en trocitos

1   Colocar el azúcar y las yemas en un bol
y batir hasta lograr una consistencia cremosa
y espesa. Diluir el almidón de maíz en
¹/₂ taza/125 ml/4 fl oz de leche. Seguir
batiendo las yemas mientras se añaden
la pasta de almendras, el resto de la leche,
el almidón disuelto, la esencia de vainilla
y la canela. Pasar a una cacerola y cocinar
sobre fuego suave, revolviendo
constantemente, hasta que hierva y espese.

2   Verter la preparación en una fuente para
horno y mesa, cubrir con film en contacto
y refrigerar varias horas para que tome
consistencia.

3   Para la cubierta, quitar el film, espolvorear
el postre con el azúcar y esparcir
la mantequilla. Sobre fuego fuerte calentar
un comal o una cuchara metálica grande
10 minutos o hasta que se caliente bien.
Deslizar el comal o la cuchara por la superficie
del postre hasta que el azúcar se acaramele.

8 porciones

Logrará resultados
superiores si usa la esencia
de vainilla natural, que
se extrae de las vainas
de la vainilla, en lugar
de la artificial.

COYOTAS DE CALABAZA DULCE

Temperatura de horno
200°C, 400°F, Gas 6

MASA DE COYOTAS
625 g/1 ¹/₄ lb de harina
220 g/7 oz de mantequilla, en trocitos
una pizca de sal
agua fría

RELLENO DE CALABAZA DULCE
750 g/1 ¹/₂ lb de calabaza butternut,
pelada y picada
¹/₂ taza/90 g/3 oz de azúcar morena
45 g/1 ¹/₂ oz de mantequilla, cortada en dados
2 cucharadas de agua

1   Para preparar el relleno, disponer
la calabaza en una asadera, esparcir el azúcar
y la mantequilla y rociar con agua. Tapar
y hornear 30-40 minutos o hasta que
la calabaza se ablande y se dore. Enfriar.

2   Para hacer la masa, colocar la harina,
la mantequilla y la sal en una procesadora
y procesar hasta lograr una textura arenosa.
Sin detener la máquina, agregar agua fría
suficiente para formar una masa blanda.
Amasarla sobre una superficie ligeramente
enharinada 10 minutos o hasta que esté tierna
y elástica. Refrigerar.

3   Dividir la masa en 16 partes iguales.
Estirar cada una para formar un disco
de 3 mm/¹/₈ in de espesor.

4   Precalentar el horno. Colocar 1-2
cucharadas de relleno en el centro de ocho
de los discos. Cubrir con los restantes
y presionar los bordes para sellar. Ubicar
las coyotas en placas engrasadas, bajar la
temperatura del horno a 180°C/350°F/Gas 4
y hornear 25-30 minutos o hasta que
se doren. Servir calientes.

8 unidades

Sirva con chocolate
caliente tradicional
(página 74), como se ve
en la foto, o con café
mexicano (página 72),
como postre o entremés
dulce para la tarde.

Disponer la calabaza en una asadera, esparcir el azúcar y la mantequilla y rociar con agua.

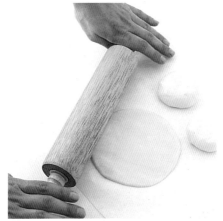

Dividir la masa en 16 partes iguales. Estirar cada una para formar un disco de 3mm/¹/₈ in de espesor.

Colocar una porción de relleno en el centro de ocho de los discos. Cubrir con los restantes y presionar los bordes para sellar.

CAFÉ MEXICANO

1/3 taza/60 g/2 oz de azúcar morena oscura
3 ramas de canela
3 clavos de olor
4 tazas/1 litro/1 3/4 pt de agua
4 cucharadas de café tostado, molido

Colocar el azúcar, la canela, los clavos de olor
y el agua en una cacerola a fuego bajo
y revolver hasta que se disuelva el azúcar.
Agregar el café, revolver y llevar a hervor.
Retirar la cacerola del fuego, tapar y dejar
reposar 10 minutos. Colar el café en las tazas
y servir.

rinde 4 tazas/1 litro/1 3/4 pt

Los aztecas consumían
café y creían que éste les
daba fuerza y energía.
Deje reposar el café antes
de servir, para que las
partículas decanten.

SORBETE DE MANGO

2 1/2 tazas/625 g/1 1/4 lb de azúcar
2 tazas/500 ml/16 fl oz de agua
1,5 kg/3 lb de pulpa de mango fresco

1   Colocar el azúcar y el agua en una
cacerola a fuego mediano y revolver hasta
que se disuelva el azúcar. Llevar a hervor
y cocinar 30 segundos. Verter este almíbar
en un bol térmico y refrigerar.

2   Colocar el mango en una procesadora
y procesar hasta lograr una textura lisa. Pasar
por tamiz fino, agregar el almíbar y unir.
Colocar la preparación en una máquina
de hacer helados y congelar según
las instrucciones del fabricante.
Como alternativa, se puede verter la mezcla
en un recipiente poco profundo apto para
frigorífico y congelar hasta que se formen
cristales de hielo en los bordes. Revolver
con un tenedor para romper los cristales.
Repetir el proceso una vez más y luego
congelar hasta que esté firme.

6 porciones

Para esta receta se
pueden utilizar mangos
en lata escurridos en
reemplazo de los frescos.

Sorbete de mango, Sorbete de limón

SORBETE DE LIMÓN

2 ½ tazas/625 g/1 ¼ lb de azúcar
3 taza/750 ml/1 ¼ pt de agua
2 tazas/500 ml/16 fl oz de jugo de limón

1   Colocar el azúcar y el agua en una cacerola a fuego bajo y revolver hasta que se disuelva el azúcar. Llevar a hervor y cocinar 30 segundos. Verter este almíbar en un bol térmico y refrigerar.

2   Combinar el almíbar con el jugo de limón, colocar en una máquina heladora y seguir las instrucciones del fabricante. Como alternativa, verter la mezcla en un recipiente poco profundo apto para frigorífico y congelar hasta que se formen cristales de hielo en los bordes. Revolver con un tenedor para romper los cristales. Repetir el proceso una vez más y luego congelar hasta que esté firme.

6 porciones

Como variantes de sabor, use jugo de naranja o lima o berries licuadas en lugar de jugo de limón.

CHOCOLATE CALIENTE TRADICIONAL

El chocolate mexicano, de textura rústica, se elabora con granos de cacao, azúcar, canela y almendras, todo molido. No se consume como golosina, sino que se usa para preparar chocolate caliente y mole.

1 rama de canela
1 vaina de vainilla, abierta a lo largo
8 tazas/2 litros/3 ¹/₂ pt de leche
185 g/6 oz de chocolate mexicano
2-3 cucharadas de azúcar

1   Colocar la canela, la vainilla y la leche èn una cacerola a fuego fuerte y calentar hasta que la leche esté a punto de hervir. Retirar la canela y la vainilla.

2   Agregar el chocolate y agitar con un batidor de alambre hasta que el chocolate se derrita y la leche esté espumosa. Agregar azúcar a gusto, verter en tazas y servir en el momento.

rinde 8 tazas/2 litros/3 ¹/₂ pt

BUDINES DE MANGO

Este delicioso flan de mango es un final perfecto para una comida picante.

4 yemas
1 rama de canela
6 tazas/1,5 litro/2 ¹/₂ pt de leche
2 tazas/500 g/1 lb de azúcar
3 mangos, la pulpa hecha puré y tamizada
³/₄ taza/75 g/2 ¹/₂ oz de pasta de almendras

CUBIERTA DE ALMENDRAS Y CANELA
60 g/2 oz de almendras blanqueadas y picadas
2 cucharadas de azúcar
1 cucharada de canela molida

1   Colocar las yemas en un bol y batir apenas para unirlas. Reservar.

2   Colocar la rama de canela y la leche en una cacerola a fuego mediano y llevar a hervor. Retirar la cacerola del fuego y dejar reposar 10 minutos. Retirar la rama de canela.

3   Agregar el azúcar, ubicar de nuevo la cacerola sobre la llama y revolver hasta que el azúcar se disuelva. Retirar la cacerola del fuego y añadir a las yemas un poco de la leche caliente, mientras se agita con batidor. Luego, también con batidor, incorporar la mezcla de yemas al resto de la leche caliente. Colocar de nuevo la cacerola sobre el fuego y revolver constantemente hasta que la preparación espese. Retirar del calor y agregar el puré de mango y la pasta de almendras. Repartir en 6 cazuelitas térmicas y refrigerar varias horas o hasta que tome consistencia.

4   Para hacer la cubierta, combinar las almendras picadas con el azúcar y la canela. Justo antes de servir, esparcir la mezcla sobre los budines.

6 porciones

Budines de mango

LIMADA

1 taza/220 g/7 oz de azúcar
6 tazas/1,5 litro/2 ½ pt de agua
6 limas, cortadas en rodajas
¾ taza/185 ml/6 fl oz de jugo de lima fresco
hielo granizado

Colocar el azúcar y el agua en una jarra y revolver hasta que el azúcar se disuelva. Agregar las tajadas y el jugo de lima y refrigerar por lo menos 1 hora. Para servir, colocar hielo granizado en vasos de trago largo hasta llenar las tres cuartas partes y verter en ellos la limada.

rinde 8 tazas/2 litros/3 ½ pt

Si desea preparar un trago para adultos, agregue una medida de tequila.

Salsas y condimentos

GUACAMOLE

2 aguacates, sin hueso, pelados y pisados
¹/₂ cebolla blanca pequeña, picada
2 chiles verdes frescos, picados
3 cucharadas de cilantro fresco picado
2 cucharadas de jugo de lima
¹/₂ jitomate, picado
hojas de cilantro fresco

Colocar en un bol los aguacates, la cebolla, los chiles, el cilantro picado y el jugo de lima y mezclar suavemente con un tenedor, para unir. Pasar a un cuenco y coronar con el jitomate y las hojas de cilantro.

rinde 2 tazas/500 ml/16 fl oz

La palabra salsa está ligada a la comida mexicana. Un cuenco de salsa como acompañamiento le da al plato más sencillo un sabor mexicano. Las salsas varían según el cocinero, la estación del año y los productos disponibles, por mencionar sólo algunos factores. De acuerdo con ellos, una salsa puede hacerse con ingredientes crudos o cocidos, puede o no llevar jitomates y puede ser picante o suave. El término salsa se usa en español incluso en países de habla inglesa. Hoy en día, la mayoría de la gente considera salsa a todo acompañamiento de consistencia espesa con trocitos sólidos.

SALSA DE CHILES ASADOS

3 jitomates
3 chiles jalapeños o verdes picantes
1 cebolla blanca pequeña, con cáscara
2 dientes de ajo, con cáscara
¹/₄ cucharadita de orégano seco
¹/₄ cucharadita de comino molido
pimienta negra recién molida
agua (opcional)

1   Colocar los jitomates, los chiles, la cebolla y el ajo en una sartén o comal caliente sin materia grasa. Asar hasta que la piel resulte ampollada y chamuscada y la pulpa, tierna. Pelar la cebolla y el ajo, picarlos ligeramente y colocarlos en un bol. Picar del mismo modo los jitomates y los chiles y agregarlos a la mezcla de cebolla y ajo. Incorporar el orégano, el comino y pimienta negra a gusto. Revolver para combinar y, si se desea, aligerar con agua.

rinde 1 ¹/₂ taza/375 ml/12 fl oz

SALSA MEXICANA

2 jitomates maduros, pelados, sin semillas
y picados finamente
2-3 chiles verdes picantes, frescos, sin semillas
y picados
1 cebolla blanca pequeña, picada finamente
1 diente de ajo, machacado
2 cucharadas de cilantro fresco, picado
2 cucharadas de jugo de lima

Dentro de un bol combinar los jitomates, los chiles, la cebolla, el ajo, el cilantro y el jugo de lima. Dejar reposar 30 minutos antes de servir.

rinde 2 tazas/500 ml/16 fl oz

SALSA DE SEMILLAS DE CALABAZA

3 jitomates
1 ¹/₂ taza/45 g/1 ¹/₂ oz de semillas de calabaza
verde (pepitas)
2 cucharadas de agua
2-3 chiles verdes medianos, frescos, picados
2 cucharadas de cilantro fresco, picado

1   Cocinar los jitomates en una sartén
o comal caliente, sin materia grasa, hasta que
la piel resulte ampollada y chamuscada. Dejar
enfriar un poco y pelar.

2   Esparcir las semillas de calabaza sobre
una placa y hornear 5-6 minutos o hasta que
se tuesten. Colocar las semillas y el agua en
una procesadora o licuadora y procesar hasta
lograr una pasta gruesa. Agregar los jitomates,
los chiles y el cilantro y procesar para unir.

rinde 1 ³/₄ taza/440 ml/14 fl oz

Temperatura de horno
160ºC, 325ºF, Gas 3

Por siglos, los mexicanos
han consumido las semillas
de calabaza asadas como
un bocadillo delicioso y
nutritivo. En su versión más
simple se presentan
tostadas y saladas.

SALSA DE MAÍZ ASADO

3 elotes
1 cucharada de aceite de oliva
1 pimiento rojo, cortado en cuartos
3 chiles verdes suaves, frescos, sin semillas
y en mitades
2 dientes de ajo, con cáscara
1 cucharada de cilantro fresco picado
2 cucharadas de orégano fresco picado

1   Pincelar los elotes con aceite y cocinarlos
en una plancha o parrilla, bien caliente,
6-8 minutos o hasta que estén levemente
chamuscados y tiernos. Desgranarlos y colocar
los granos en un bol.

2   Pincelar con aceite el pimiento y los chiles
y ubicarlos, junto con el ajo, en una plancha
o parrilla bien caliente. Cocinar 4 minutos
o hasta que la piel resulte levemente
chamuscada. Picar el pimiento y los chiles
y presionar el ajo para extraerlo de la cáscara.
Agregar el pimiento, los chiles, el ajo,
el cilantro y el orégano a los granos de maíz
y mezclar.

rinde 2 tazas/500 ml/16 fl oz

SALSA VERDE

500 g/1 lb de tomatillos en lata, escurridos
y picados groseramente
2-3 chiles verdes medianos, frescos,
sin semillas y picados
1 cebolla blanca pequeña, picada
1 diente de ajo, picado
2 cucharadas de hojas de cilantro fresco
una pizca de comino molido

Colocar los tomatillos, los chiles, la cebolla,
el ajo, el cilantro y el comino en una
procesadora y picar finamente. Refrigerar.

rinde 1 ¹/₂ taza/375 ml/12 fl oz

Esta salsa es aun más
sabrosa si se hace con
tomatillos frescos.

SALSA RANCHERA

Esta salsa resulta excelente para acompañar carne, pollo o pescado asados. Es, también, la base de los famosos huevos rancheros. Para prepararlos, haga hoyos en la salsa ya lista, coloque en ellos huevos cascados y cocine 5 minutos más, o hasta que los huevos estén a su gusto.

2 cucharaditas de aceite
1 pimiento verde, picado
1 cebolla, picada
2 chiles verdes medianos, frescos, sin semillas y picados
2 dientes de ajo, picados
5 jitomates maduros, asados, pelados, sin semillas y picados
1 cucharada de orégano fresco, picado
1 cucharadita de comino molido
1 cucharada de cilantro fresco picado

Calentar el aceite en una sartén a fuego mediano, incorporar el pimiento, la cebolla, los chiles y el ajo y revolver 4 minutos o hasta que los vegetales estén tiernos. Agregar los jitomates, el orégano y el comino y cocinar a fuego lento 10 minutos o hasta que la salsa se reduzca y espese. Añadir el cilantro y mezclar.

rinde 2 tazas/500 ml/16 fl oz

SALSA DE AJO Y CHILES

4 chiles verdes medianos, frescos, sin semillas y picados
2 jitomates, pelados y picados
6 dientes de ajo, picados
1 cucharada de cilantro fresco picado
2 cucharadas de perejil fresco picado
1 cucharadita de comino molido
2 cucharaditas de jugo de lima

En una procesadora o licuadora colocar los chiles, los jitomates, el ajo, el cilantro, el perejil y el comino y procesar para triturar. Añadir el jugo de lima, mezclar y refrigerar hasta el momento de utilizar.

rinde 1 taza/250 ml/8 fl oz

SALSA ENCHILADA

Los tomatillos se asemejan a los jitomates verdes, pero en realidad ni siquiera pertenecen a la misma familia. También se los conoce como uvas espinas con capa o cerezas de tierra.

500 g/1 lb de tomatillos en lata, escurridos y picados
1 cebolla blanca, picada
1 chile verde picante fresco, sin semillas y picado
1 diente de ajo, machacado
2 cucharadas de hojas de cilantro fresco
1 taza/200 ml/8 fl oz de caldo de pollo o de verduras
jugo de lima

Colocar los tomatillos, la cebolla, el chile, el ajo y el cilantro en una procesadora o licuadora y procesar hasta lograr una textura lisa. Pasar a una cacerola y llevar a hervor suave. Verter el caldo, revolver y cocinar a fuego lento 8-10 minutos o hasta que la salsa se reduzca y espese. Agregar jugo de lima a gusto y mezclar.

rinde 1 ³/₄ taza/440 ml/14 fl oz

Glosario

CHILES FRESCOS

Habanero: Es pariente cercano del boina escocesa, con el que a veces se lo confunde. El chile habanero es el más picante del mundo, mientras que el chile boina escocesa es apenas un poco menos picante. Ambos son pequeños, con forma de farolito. El habanero mide 5 cm/2 in de largo y el boina escocesa es algo más pequeño. Según se dice, el chile habanero es entre 30 y 50 veces más picante que el jalapeños. El habanero se consigue seco y también ahumado. El seco se emplea principalmente para salsas. El habanero fresco debe utilizarse con precaución.

Jalapeño: Verde o rojo, es uno de los chiles más conocidos y populares. El rojo, maduro, es más dulce que el verde.

Poblano:
El color de este chile con forma de cono varía del verde al rojo. Es uno de los chiles que más se utilizan en la gastronomía mexicana, en todas sus etapas de maduración. No es usual que se lo consuma crudo. Las formas de preparación más frecuentes son asados y rellenos, en moles y salsas o asados en tiras. Si no se consigue, se puede optar por otros chiles suaves como el Anaheim o el Nuevo México.

Serrano: De color verde o rojo, es considerado por muchos como el mejor para salsas. Su nombre se debe a que fue cultivado por primera vez en las montañas de Puebla e Hidalgo, en el norte de México. En caso de que no se lo consiga, se puede reemplazar por chile jalapeño. En México, el empleo de estos dos chiles es indistinto.

CHILES SECOS

Ancho: Versión seca del chile poblano. Es el chile seco más popular en México, y también el más dulce. Otorga a los platillos un sabor ahumado dulzón. Se utiliza principalmente en moles y otras salsas.

Chipotle: Es un jalapeño seco y ahumado y que concede sabor ahumado picante a los platillos. Se consigue envasado en latas, por lo general en una salsa de adobo que toma el sabor del chile.

Guajillo: Su grado de picante oscila de suave a mediano. Tiene un sabor levemente frutado y se usa sobre todo en salsas, sopas y guisos.

Pasilla: También se lo conoce como chile negro. Su nombre se debe a su aroma y a su piel arrugada, que recuerdan los de las pasas de uva. Junto con el chile ancho y el mulato integra la "santísima trinidad" indispensable para preparar el mole negro.

HOJAS DE PLÁTANO: Igual que las hojas de mazorca, las hojas de plátano se usan para envolver alimentos e impartir un sabor especial, pero no se comen. Antes de utilizarlas es necesario ablandarlas, ya sea pasándolas sobre el fuego de la hornalla, blanqueándolas en agua hirviente 20-30 segundos, o calentándolas 45-60 segundos en microondas al MÁXIMO (100%). También hay que quitar la nervadura gruesa central; de lo contrario, será muy difícil envolver los alimentos. El empleo de hojas de plátano es más común en la zona sur y costera de México.

COMAL: Este utensilio, esencial para el cocinero mexicano, es una especie de sartén plana de acero, hierro fundido o loza de barro sin esmaltar. Tradicionalmente, se utiliza para cocinar tortillas y, también, para asar o tostar semillas de calabaza y chiles. Como alternativa se puede usar una cazuela o sartén pesada.

HOJAS DE MAZORCA:
Son las hojas externas de la mazorca del maíz y se utilizan para envolver tamales y otros alimentos. Es necesario remojarlas previamente, para que se ablanden y puedan plegarse con facilidad. Se venden en tiendas de alimentos especiales.

MASA: En México este término se refiere a la masa de maíz que se usa para hacer tortillas. La masa fresca puede adquirirse en tiendas de alimentos especiales o restaurantes de comida mexicana, o elaborarse en casa con harina de masa (ver ítem correspondiente). Las tortillas de harina no tienen exactamente el mismo sabor que las de masa fresca, pero para muchos son una alternativa ventajosa. A veces hay masa instantánea disponible en las tiendas; para su empleo, seguir las indicaciones del paquete.

HARINA DE MASA: Este polvo similar a la harina es masa de maíz fresco que ha sido secada y finamente molida. No debe confundirse con la polenta, que no es apta para hacer tortillas. En caso de que no se consiga masa fresca, se recomienda usar harina de masa. Para reconstituirla, por lo general sólo hay que agregar agua y, a veces, mantequilla u otra materia grasa; no obstante, para un mejor resultado conviene seguir

las indicaciones del paquete. La harina de masa se consigue en tiendas especializadas en comestibles mexicanos.

CHOCOLATE MEXICANO:
Este chocolate es totalmente diferente del europeo. Lejos de ser suave y aterciopelado como éste último, el chocolate mexicano es granulado y nunca se consume como golosina. Se elabora con granos de cacao, azúcar, canela y almendras, todo molido a la vez y luego prensado para obtener tabletas.

Se destina más que nada a preparar chocolate caliente, y en pequeñas dosis interviene en el famoso mole poblano, conocido fuera de México como pavo con salsa de chocolate. El uso del chocolate como aderezo para platillos salados data del imperio maya, donde los guisos de chile enriquecidos con chocolate eran una especialidad. En esa época, a las mujeres se les prohibía comer chocolate, y sólo los hombres de alto rango tenían derecho a consumir platillos que lo incluyeran.

SEMILLAS DE CALABAZA:
Los mexicanos han saboreado por siglos las semillas de calabaza como bocadillo nutritivo y sabroso. Es común llamarlas pepitas, y son simplemente las semillas secas de varios tipos de calabazas.

En su versión más simple se consumen tostadas y saladas. En México se pueden adquirir crudas, tostadas, con o sin cáscara y molidas. La salsa de semillas de calabaza es muy popular para acompañar platillos simples de carne, aves, pescados y vegetales, y también puede servirse como mojo para tortillas.

TOMATILLOS: Si bien se asemejan a los jitomates verdes y suele llamárselos jitomates verdes mexicanos, en realidad, ni siquiera son parientes. Los tomatillos pertenecen a la familia de la uva espina y también se los denomina uvas espinas con capa o cerezas de tierra. Fuera de México, los tomatillos frescos son difíciles de conseguir, pero están disponibles en latas, con la ventaja de que no hace falta cocinarlos.

PRENSA PARA TORTILLAS:
Se vende en tiendas de productos gastronómicos mexicanos y en tiendas de electrodomésticos. Su uso facilita y agiliza la operación de dar forma a las tortillas. Las mejores son las de hierro fundido y las de madera.

Índice

Glosario

Aguacate: palta, avocado
Ajonjolí: sésamo
Alcachofas: alcauciles
Almíbar: jarabe
Almidón de maíz: fécula de maíz, maicena
Asadera: trasto para horno
Avena en hojuelas: avena arrollada
Base de masa: corteza, costra o concha de pasta
Beicon: tocino, panceta, bacón
Bicarbonato de sodio: bicarbonato de sosa
Bistecs: bifes, biftecs
Bol: tazón
Brotes de soja: brotes de soya, frijoles germinados
Burger: hamburguesa, pastelito de carne
Buttermilk: suero de leche, leche agria, leche ácida
Cacahuate: cacahuete, maní
Cacao: cocoa
Cacerola: cazo
Calabacitas: zapallitos largos, zapallitos italianos, zucchini
Calabaza: zapallo
Camote: batata
Carne de res: carne vacuna
Cebollas de rabo: cebollitas tiernas, cebollas de verdeo
Cebollín: cebollino, cebolleta
Cerdo: puerco
Chabacanos: damascos, albaricoques
Chalotes: chalotas, échalotes
Chícharos: arvejas, guisantes
Chiles: ajíes picantes
Cocinar: guisar, cocer
Col: repollo
Coleslaw: ensalada de col, ensalada de repollo
Comelotodos: ejotes de invierno, chauchas anchas chatas

Coñac: brandy
Cortante: cortapastas, cortador
Costillas: chuletas
Coulis: colado
Crema agria: crema ácida
Crêpes: crepas, panqueques
Cubierta: cobertura
Ejotes: chauchas, judías verdes
Elotes: choclos
Embroquetar: bridar
Esencia de vainilla: extracto de vainilla
Estirar (la masa): extender (la pasta)
Film: plástico
Fresas: frutillas
Frigorífico: freezer, congelador
Frijoles caupí: frijoles ojo negro
Frijoles: porotos
Fruta de la pasión: maracuyá, pasionaria
Fuente térmica: molde refractario
Galletas: bizcochos
Gasa: manta de cielo
Grill: asador, parrilla del horno
Hierbas aromáticas: yerbas de olor
Hojuelas de maíz: copos de maíz
Hongos: setas
Hornalla de la cocina: quemador de la estufa
Hueso (de frutas): carozo
Jitomates cherry: jitomates cereza, jitomates miniatura
Jitomates perita: jitomates huevo, jitomates italianos, guajes
Jitomates: tomates
Lomo: filete
Maíz dulce: choclo
Manga con boquilla (para repostería): manga con pico, bolsa con punta, bolsa con duya.

Mantequilla: manteca
Masa: pasta
Mojo: dip, salsa
Ostiones: vieiras
Palillos: mondadientes, escarbadientes
Palote (para amasar): rodillo
Pan con corteza crocante: pan francés
Pan seco molido: pan rallado
Panqueques: pancakes, tortas de sartén, crepas
Papel absorbente: toallas de papel
Papel encerado: papel manteca
Pavo: guajolote, guajalote
Pelapapas: pelador de verduras
Pimentones: morrones, pimientos calahorra, ajíes calahorra
Pimientos: ajíes dulces, pimentones
Piña: ananá
Placa: bandeja para horno, charola para horno
Plancha: trasto para asar
Plátano: banana, banano
Polenta: harina de maíz
Poro: puerro
Postas de pescado: tranches, rodajas
Procesadora: procesador de alimentos
Quimbombóes: chauchas árabes, okras
Refrigerador: heladera, nevera
Remolacha: betabel, beterava
Ricota: queso fresco, requesón, cuajada, jocoque
Sándwich: torta, emparedado
Soja: soya
Tarteletas: tartaletas
Tofu: queso de soja, queso de soya